2 II 1 1

Lohmann/Preusker
Gesundheitswirtschaftspolitik: Frischer Wind durch neues Denken

Gesundheitswirtschaftspolitik: Frischer Wind durch neues Denken

herausgegeben von

Prof. Heinz Lohmann

Dr. Uwe Preusker

mit Beiträgen von

Dr. Norbert Arnold
Jürgen Bieberstein
Dr. Michael Borchard
Prof. Dr. rer. Pol. Klaus-Dirk Henke
Ines Kehrein
Prof. Heinz Lohmann
Anja Moeller
Prof. Dr. Günter Neubauer
Dr. Dennis A. Ostwald
Dr. Uwe K. Preusker
Katharina Ries-Heidtke

medhochzwei

Bibliographische Informationen der Deutschen Nationalbibliothek

Die Deutsche Nationalbibliothek verzeichnet diese Publikation in der Deutschen Nationalbibliographie; detaillierte bibliographische Daten sind im Internet über http://dnb.d-nd.de abrufbar.

Bei der Herstellung des Werkes haben wir uns zukunftsbewusst für umweltverträgliche und wiederverwertbare Materialien entschieden.

Der Inhalt ist auf elementar chlorfreiem Papier gedruckt.

ISBN 978-3-86216-058-7

www.medhochzwei-verlag.de

Satz: Reemers Publishing Services GmbH, Krefeld

Druck: Beltz Druckpartner, Hemsbach

Vorwort

Gesundheitspolitik und Wirtschaftspolitik – das sind immer noch zwei Welten: In der Gesundheitspolitik herrschen Regulierung bis in Details und Kostendämpfung vor, während die Wirtschaftspolitik vor allem auf Rahmensetzung und ansonsten auf Anreizsysteme und den „goldenen Zügel" setzt. Man könnte auch sagen: Während in der Gesundheitspolitik die Peitsche regiert, versucht es die Wirtschaftspolitik vor allem mit dem Zuckerbrot!

Ob die Peitsche der Gesundheitspolitik tatsächlich das bessere Instrument ist, ist bisher jedenfalls nicht bewiesen – im Gegenteil: Die Tatsache, dass Kostendämpfungsgesetze und „große" Gesundheitsreformen mit einer Vielzahl an Detailregelungen mittlerweile zum Repertoire einer jeden neuen Bundesregierung für die ersten anderthalb bis zwei Jahre ihrer Wahlperiode gehören, spricht eher für die These, dass es mit der Nachhaltigkeit hier nicht weit her ist und es sich mehr um Eingriffsverwaltung als um Politik handelt.

Angesichts der Entwicklung vom Gesundheitswesen als Daseinsvorsorge hin zur Gesundheitswirtschaft als einem produktiven Teil unserer Volkswirtschaft – und als Jobmotor dazu – wird es höchste Zeit für einen Perspektiv- und Paradigmenwechsel: Wir benötigen eine Gesundheitswirtschaftspolitik, die auf einen Ordnungsrahmen setzt statt auf Detailregulierung, die mit Anreizen arbeitet statt mit Richtlinien, Verboten und Budgetierungen, die den „goldenen Zügel" wählt und nicht die Deckelung! Aufbauend auf den Begriffen der Subsidiarität und der sozialen Marktwirtschaft kann der Staat sein Handeln im Gesundheitssystem auf die Steuerung durch Rahmensetzung und Anreize umorientieren. Mit Hilfe von Organisations-, Verfahrens- und Regelungsstrukturen ist es so möglich, die Handlungen nicht-staatlicher Akteure im Gesundheitswesen auf die akzeptierten politischen und gesellschaftlichen Ziele auszurichten. Der Sachverständigenrat zur Begutachtung der Entwicklung im Gesundheitswesen hat ein ähnliches Konzept mit dem

Gewährleistungsstaat bereits in seinem Jahresgutachten 2007 kurz beschrieben.

Dieses Buch versucht aus verschiedenen Perspektiven zu skizzieren, wie Grundzüge einer solchen Gesundheitswirtschaftspolitik und damit des Gewährleistungsstaates im Gesundheitssystem aussehen könnten und zu begründen, warum beides überfällig ist.

Hamburg/Vantaa/Heidelberg, im Januar 2012 — Heinz Lohmann — Uwe K. Preusker

Inhaltsverzeichnis

Von der Gesundheitspolitik zur Gesundheitswirtschaftspolitik: Der Paradigmenwechsel ist überfällig!

Dr. Uwe K. Preusker

Abstract: Fördern statt bestrafen, Gewährleistungsstaat statt Eingriffsverwaltung sind die Leitlinien, an denen entlang nachfolgend eine wünschenswerte Entwicklung der deutschen Gesundheitspolitik aufgezeigt wird. Aufbauend auf den Begriffen der Subsidiarität und der sozialen Marktwirtschaft wird gezeigt, wie der Staat sein Handeln im Gesundheitssystem auf die Steuerung durch Rahmensetzung und Anreize umorientieren kann. Mit Hilfe von Organisations-, Verfahrens- und Regelungsstrukturen ist es so möglich, die Handlungen nicht-staatlicher Akteure im Gesundheitswesen auf die akzeptierten politischen und gesellschaftlichen Ziele auszurichten.

1 Die Ausgangslage: Mehr Eingriffsverwaltung als Rahmensetzung

Das Anfang 2012 in Kraft getretene GKV-Versorgungsstrukturgesetz ist symptomatisch für eine Entwicklung, die bereits vor mehreren Jahrzehnten eingesetzt hat: Gesundheitspolitik besteht mehr und mehr aus direkten Eingriffen des Staates in die Art und Weise, in der das Gesundheitswesen funktioniert. Sowohl die Regelungsdichte als auch die Regelungstiefe im Gesundheitswesen nimmt durch solche Eingriffe immer stärker zu. Daran ändert im Übrigen die spezifische Organisation des deutschen Gesundheitswesens über Körperschaften öffentlichen Rechts, die als Selbstverwaltungsorgane anstelle des Staates Detailregelungen vornehmen, nichts. Taucht in der öffentlichen Diskussion um das Gesundheitswesen ein – vermeintliches oder tatsächliches – Problem auf, greifen die zur Zeit gerade verantwortlichen Politiker nahezu sofort ein und präsentieren Lösungen, die üblicherweise in einem Zusatz zu einem gerade in Vorbereitung befindlichen Gesetz bestehen: Tauchen Probleme mit der Übernahme der Mitglieder und Versicherten einer vom Bundesversicherungsamt geschlossenen gesetzlichen Krankenkasse auf, werden neue und präzisere Pflichten der verbleibenden gesetzlichen Krankenkassen kodifiziert und als Omnibus-Anhang im gerade in Vorbereitung befindlichen Gesetz untergebracht. Unterliegt die private Krankenversicherung Krankenhausträgern vor Gericht im Streit um ausgegliederte Privatkrankenhäuser, wird dies mit einem zusätzlichen Paragraphen mit einem Verbot belegt und so für die Zukunft unterbunden. Das GKV-Versorgungsstrukturgesetz regelt aber zum Beispiel auch, in welcher Rechtsform ein Medizinisches Versorgungszentrum betrieben werden darf und dass Vertragsärzte beim Kauf eines zusätzlichen Praxissitzes für ein Medizinisches Versorgungszentrum nun den Vorrang vor Krankenhäusern als Betreibern von solchen Versorgungszentren haben. Die Liste solcher gesetzlicher Regelungen, die kaum noch mit allgemeiner Regelsetzung zu tun haben, sondern sich in Richtung auf Einzelfallregelungen hinbewegen, ließe sich ohne Probleme fortsetzen.

Nun muss nicht jeder dieser kurz angerissenen Fälle gleich ein ordnungspolitischer Sündenfall sein – zum Teil kann man die dadurch geschaffenen neuen Regelungen durchaus als Rahmenregelungen im Sinne eines lernenden Ordnungsrahmens verstehen – und gutheißen. Doch die Realität des Ordnungsrahmens für die Struktur, vor allem aber die konkrete Funktionsweise und etwa die Preisbildung im Gesundheitswesen ist eine grundlegend andere: Kaum ein Sektor unserer Gesellschaft oder – um es ökonomisch auszudrücken – unserer Volkswirtschaft ist in jeder Hinsicht so reguliert wie das Gesundheitswesen. So umfassen die neuen Regelungen zur Rückverlagerung früherer gesetzgeberischer Zentralisierungsentscheidungen zur Honorierung der Vertragsärzte auf die regionale Ebene der Kassenärztlichen Vereinigungen der Länder allein viele Seiten im bereits angesprochenen GKV-Versorgungsstrukturgesetz. Zwar ist die Ausgestaltung der vertragsärztlichen Honorierung den Vertragspartnern des Einheitlichen Bewertungsmaßstabs, also den Kassenärztlichen Vereinigungen bzw. der Kassenärztlichen Bundesvereinigung sowie den gesetzlichen Krankenkassen übertragen. Aber das Misstrauen gegenüber den beiden als Körperschaften öffentlichen Rechts organisierten Selbstverwaltungskörperschaften, über die wiederum die öffentliche Hand in Form von Ministerien die Aufsicht führt, ist so groß, dass man ihnen mittlerweile auf Hunderten von Seiten rechtlich vorgeschrieben hat, wie sie was zu vereinbaren haben und was sie dabei wie zu berücksichtigen haben.

In der stationären Alten- und Behindertenpflege und im Krankenhausbereich steht es nicht besser: Überall werden Wirtschaftseinheiten – also zum Beispiel die Praxen niedergelassener Vertragsärzte, Pflegeeinrichtungen, Krankenhäuser oder Reha-Kliniken – genutzt, um das ökonomische Risiko der eigentlichen Leistungserbringung auf private Wirtschaftssubjekte zu übertragen. Diese Wirtschaftseinheiten tragen das Risiko des

Scheiterns – sie können also in Konkurs gehen. Für die Erbringung der Leistungen selbst gibt es aber in all diesen Bereichen mittlerweile rechtliche Vorschriften, die immer weniger echten Spielraum für wirtschaftliche Entscheidungen bzw. wirtschaftliches Handeln zulassen. Hinzu kommt, dass die Preisbildung für Leistungserbringung im Gesundheitswesen durchweg so organisiert ist, dass man von hochadministrierten Preisen sprechen muss. Das wirtschaftliche Risiko, dass derjenige, der unter diesen Rahmenbedingungen im Gesundheitswesen als Wirtschaftssubjekt tätig ist, in dem er zum Beispiel eine Arztpraxis oder eine Rehabilitations- oder Akutklinik betreibt, bleibt beim Betreiber, er kann aber die Erfolgsparameter für wirtschaftliches Handeln nur noch eingeschränkt beeinflussen.

2 Das Ausland: Weniger ist mehr!

Auch der Blick ins benachbarte Ausland zeigt: Wenn es darum geht, den Ärzten und Krankenhäusern im Detail vorzuschreiben, wie sie zu arbeiten und vor allem abzurechnen haben, ist die Regelungsdichte und -tiefe in Deutschland besonders stark.

So haben finnische Krankenhäuser gegenüber ihren deutschen Pendants zum Beispiel viel mehr Freiheiten: Sie können mit ihren Auftraggebern – das sind in Finnland die Kommunen, die bei ihnen Leistungen für die jeweils eigene Bevölkerung bestellen und bezahlen – frei aushandeln, nach welchem Prinzip sie die erbrachten Leistungen abrechnen. In den dazu geschlossenen Verträgen werden sowohl die Menge der Leistungen – also zum Beispiel 250 Hüft-TEPs im Jahr – als auch der Preis festgelegt. Und: Je mehr Leistungen eine Kommune vereinbart, desto höher kann der Rabatt ausfallen, den die Kommune vom Krankenhaus eingeräumt bekommt.

Und bei der Abrechnung redet kein MDK mit; schließlich hat man ja einen Vertrag, der alles Wesentliche regelt. Für die Preis- und Mengenverhandlungen für das nächste Jahr kalkuliert die Kommune bei großen und teuren Leistungsbereichen allerdings, wie hoch denn der Preis sein dürfte, den das Krankenhaus verlangen kann. Und wenn der von der Klinik verlangte Preis zu hoch ist, schreibt die Kommune die Leistungen aus und kauft im nächsten Jahr womöglich bei einem anderen Krankenhaus.

Das deutsche System setzt – wie dargestellt – nicht nur im Krankenhaus, sondern im gesamten Gesundheitssystem, auf ein Mischsystem von gesetzlichen und Verordnungs-Vorschriften und Prüfmöglichkeiten. Vereinbarungen kommen nur im engen Rahmen zustande, den Gesetz und

Verordnung Kliniken und Kassen lassen. Preise sind Bestandteil eines Festpreissystems – das jährlich neu kalkulierte deutsche DRG-System –, lediglich die Menge ist in Grenzen variabel. Dies alles findet innerhalb des allgegenwärtigen Rahmens der Bindung der Steigerungsraten an die Entwicklung der Grundlohnsumme statt, die per Gesetz bei Bedarf auch noch zusätzlich reduziert werden kann. Und weil dieses System die erfolgreichen Kliniken zur „Flucht in die Menge" veranlasst hat, gibt es seit Anfang 2011 erneut zusätzlich einen Zwangsrabatt für Mehrleistungen. Wegen der vielen einschränkenden Vorschriften gibt es außerdem eine Auseinandersetzung zwischen Kliniken und Krankenkassen dadurch, dass die Leistungserbringung von Kassenseite per MDK-Gutachten immer häufiger grundsätzlich angezweifelt wird.

An die Stelle ökonomischer Freiräume treten in Deutschland vielfach einengende Vorschriften, die vor allem einem zentralen Ziel dienen: die Finanzierbarkeit der gesetzlichen Krankenversicherung zu sichern. Die Parameter, an denen gesundheitspolitische Eingriffe – meist als „Gesundheitsreform" bezeichnet – sich seit der Einführung des Gesundheitsfonds orientieren, ist die Finanzsituation eben dieses Gesundheitsfonds. Das frühere zentrale Ziel der Beitragssatzstabilität ist derweil gesetzlich durch den einheitlichen, von Berlin festzulegenden Beitragssatz endgültig politisch abgesichert worden.

Nun darf man die hier einleitend nur kursorisch skizzierte Entwicklungsrichtung nicht allein „den Gesundheitspolitikern" anlasten. Diese reagieren in vielen Bereichen auf Forderungen von Interessenvertretern, die auf angebliche oder tatsächliche Missstände aufmerksam machen und Abhilfe fordern, in vielen Fällen aber vor allem die Abschottung des eigenen Wirkungsbereiches vor unliebsamer Konkurrenz zum Ziel haben. Die Entscheidung, dies dann aber auch tatsächlich zu tun, und die zweite Entscheidung, wie Abhilfe geschaffen wird, ist und bleibt allerdings allein in der Verantwortung der für die Gesundheitspolitik Verantwortlichen. Dem Ideal des Ordnungsrahmens würde es jedenfalls entsprechen, nur dort einzugreifen, wo über eine Veränderung des Rahmens Steuerimpulse gesetzt werden, um die politisch und/oder gesellschaftlich gewünschte Richtung der Entwicklung anzuregen, nicht aber, Vorschriften zu erlassen, die durch immer mehr Detailregelungen dann unmittelbar dafür sorgen, dass ein Handlungsmodell umgesetzt werden muss, das den Vorstellungen der gerade Regierenden entspricht. Hinzu kommt vielfach, dass durch das dichte Aufeinanderfolgen verschiedener Eingriffe die Wirkungen der vorhergehenden Eingriffe kaum oder gar nicht beurteilbar sind. Dann aber handelt es sich um politischen Aktionismus und nicht um eine systematische, an der sinnvollen Weiterentwicklung im Sinne der Bürger orientierte Gesundheitspolitik! Dabei gibt es keinerlei Evidenz, dass Eingriffsverwaltung tatsächlich zu besseren Ergebnissen führt als ein Regelungsmodell mit einem deutlich weiter gefassten Ordnungsrahmen und einem funktionierenden Anreizsystem.

3 Der Vergleich: Forschungs-, Verbraucherschutz- oder Wirtschaftspolitik

Der Einwand, der immer wieder gegen einen Politik-Wechsel gerade im Bereich Gesundheit vorgebracht wird, ist vor allem der, dass es sich bei Gesundheit um ein so hohes Gemeinschaftsgut handelt, dass der Staat als Garant dieses Gemeinschaftsgutes es sich gar nicht leisten kann, vorrangig auf das Modell der Rahmensetzung und Steuerung durch Anreize statt durch Eingriffsverwaltung zu setzen. Hinzu kommt der Einwand gegen verstärktes individuelles ökonomisches Handeln im Gesundheitswesen mit dem allgemeinen ideologischen Hinweis, Gesundheit sei keine Ware.

Das Leitbild, dem solche Eingriffsverwaltung in der Gesundheitspolitik gehorcht, ist jedoch vorranging nicht demokratisch und partizipativ, sondern das des allwissenden Staates, der am besten dafür sorgen kann, dass Gesundheit in dem festgelegten Maße auch tatsächlich „produziert" wird. Weil Gesundheit so ein wichtiges Gemeinschaftsgut ist, darf man die Herstellung dieses Gutes nicht den gesellschaftlichen und schon gar nicht den wirtschaftlichen Kräften überlassen. Letztlich ist dieses immer noch herrschende Bild das Leitbild, das seinerzeit hinter der Einführung der gesetzlichen Krankenversicherung in Deutschland stand: Der Staat als ordnende Hand sorgt für den Ausgleich zwischen den auseinanderstrebenden und sich zum Teil bekämpfenden Kräften des Kapitals und der Arbeit. In der Realität aber war die Einführung der Gesetzlichen Krankenversicherung ein politisches Manöver, mit dem Bismarck vor allem eines erreichen wollte und zumindest vorübergehend erreichte: Einen Aufstand der stark benachteiligen Arbeiter im aufstrebenden Industriestaat Deutschland zu verhindern!

Ein kurzer Blick in andere Politikbereiche, die ebenfalls – und zum Teil in mindestens ebenso starkem Maße – wichtig für die Entwicklung des Gesundheitszustandes der Bevölkerung sind, zeigt, dass Eingriffsverwaltung nicht unbedingt das Mittel der Wahl sein muss – und vor allem nicht zum bestmöglichen Ergebnis führt! Die Versorgung mit hygienisch einwandfreien Lebensmitteln ist zum Beispiel ein solcher Bereich. Auch hier trägt die Politik eine hohe Verantwortung dafür, dass die Bevölkerung im Normalfall darauf vertrauen darf, dass sie ihren Bedarf an Lebensmitteln hygienisch einwandfrei und qualitativ gut decken kann.

Die mengenmäßige Deckung des Bedarfs an Lebensmittel ist dagegen mittlerweile dem Überangebot und der Überversorgung gewichen, die von immer mehr Menschen auch entsprechend genutzt wird, was seinerseits wieder zu neuen, bisher unbewältigten Gesundheitsproblemen vor allem in den Bereichen Adipositas, Herz-Kreislauf-Erkrankungen und Diabetes führt.

Trotz der staatlichen Vorsorge treten immer wieder Krisen im Bereich Lebensmittelversorgung auf. So gab es eine ganze Reihe von Skandalen um so genanntes „Gammelfleisch" und gerade aktuell am Beginn des Jahres 2012 die öffentliche Diskussion um die Antibiotika-Belastung von Hähnchenfleisch. Solche Krisen oder Skandale führen regelhaft zu politischen Reaktionen, die meist in der Verschärfung von Rahmenvorschriften für die betroffenen Betriebe münden oder zumindest die Kontrollen der Qualität und Hygiene von Lebensmitteln verschärfen. Aber wird hier etwa in die Preisbildung eingegriffen, indem den fleischproduzierenden Betrieben vorgeschrieben wird, in welcher Art und Weise sie ihre Preise zu ermitteln haben? Oder werden die Betriebe dazu verpflichtet, alle zwei Jahre einen Qualitätsbericht über die bei ihnen erreichte Qualität im Internet zu veröffentlichen? Auch ist bisher kein Politiker auf die Idee gekommen, eine bestimmte Rechtsform für Unternehmen vorzuschreiben oder eine andere auszuschließen, um überbordendes Gewinnstreben einzudämmen oder zu verhindern. Der Staat überprüft den von ihm gesetzten Rahmen im Lichte der neu gewonnenen Erkenntnisse und im Hinblick auf eventuell erforderliche Anpassungen. Er bemüht sich um mehr Transparenz im Hinblick auf die Qualität der produzierten und angebotenen Produkte. Er würde aber in einer freiheitlichen Demokratie mit einer am Vorbild der sozialen Marktwirtschaft ausgerichteten Wirtschaftsordnung nicht in Unternehmensformen, Preisbildung, Angebots- und Nachfragesteuerung oder den Wettbewerb eingreifen.

Ähnlich sieht es in der Verkehrssicherheit aus: Auch hier hat der Staat mittlerweile ein umfangreiches Regelwerk zur Verkehrssicherheit von zum Beispiel Automobilen erlassen, das darüber hinaus noch der ständigen Überprüfung und Anpassung unterliegt. Aber auch hier sind die Kernbereiche des wirtschaftlichen Handelns – Preisbildung, Unternehmensformen, Angebots- und Nachfragesteuerung, Wettbewerb – von Regelungen ausgenommen. Im Gegenteil: Über die Einrichtung des Kartellamtes wird streng darüber gewacht, dass es nicht zu Monopol- oder Oligopolbildungen kommt, damit Wettbewerb bestehen bleibt – zum Vorteil des Kunden. Das Gleiche gilt für die Nachfrageseite: Weder dem Fleisch- noch dem Autokäufer wird vorgeschrieben, wo er in welcher Menge Fleisch oder zu welchem Preis ein Auto kaufen darf. Und selbst die Kraftfahrzeug-Haftpflichtversicherung darf der Fahrzeughalter bei der Versicherung seiner Wahl abschließen – vorgeschrieben ist nur die Mindestdeckung der Versicherung. Ob diese dem Kunden reicht oder er eine darüber hinaus gehende Absicherung von speziellen Risiken wünscht und dafür natürlich auch einen entsprechenden Preis bezahlt, bleibt ihm überlassen.

Ein weiteres Beispiel: In der Forschungspolitik bedient sich der Staat seit langer Zeit des Prinzips des „goldenen Zügels“: Wenn Politik will, dass in bestimmten Forschungsgebieten schwerpunktmäßig geforscht wird, dann fließt dies in die Forschungsförderung in Form konkreter Förderprogramme ein. Der „goldene Zügel“ der staatlichen Förderung, so die Überlegung, lenkt die Wirtschaftssubjekte in die Richtung, die der Staat erreichen will.

Anders in der Gesundheitspolitik: Hier wird, statt auf ein System mit Rahmenregelungen und Anreizen zu setzen, als typisches Instrument auf die rechtliche Anordnung zurückgegriffen: Wenn eine Entwicklung nicht so ist, wie die Entscheider sich das vorstellen, wird per Gesetzesänderung oder Rechtsverordnung angeordnet, dass es anders sein muss. Dieses Phänomen, das wahrscheinlich noch auf die Zeit der Entstehung der Bismarck'schen Sozialgesetze zurückgeht, trifft übrigens selbst dort zu, wo der Gesetzgeber tatsächlich strukturelle Veränderungen anregen will. Das beste Beispiel dafür aus der jüngeren Zeit stellt die Integrierte Versorgung dar: Statt – wie in der Wirtschafts-, aber auch der Forschungspolitik seit Jahrzehnten bewährt – auf gezielte Förderung zu setzen, regelte man die „Anschubfinanzierung“ für die integrierte Versorgung so um, dass man allen Beteiligten etwas Geld aus ihren jeweiligen – gedeckelten – Budgets wegnahm und dieses zunächst gekürzte Geld dann ausschließlich an diejenigen zurückgab, die sich an der integrierten Versorgung beteiligten. Wer also keine Integrierte Versorgung betrieb, wurde durch die pauschale Kürzung seines Budgets bestraft. Statt „Anschubfinanzierung“ gab es also Strafabschläge für die, die nicht gehorchten.

4 Das Leitbild: Subsidiarität und soziale Marktwirtschaft

Das Prinzip der Freiheit auf dem Markt mit dem sozialen Ausgleich verbinden – so lautet der von Alfred Müller-Armack im Jahr 1956 formulierte Grundgedanke der sozialen Marktwirtschaft. In der in der Bundesrepublik verwirklichten Form einer Wettbewerbsordnung, die durch soziale Orientierung und – wo nötig – Flankierung ergänzt wurde, hat sie zu Prosperität und Wohlstand geführt. Ein zweiter, konstituierender Grundgedanke der Ordnung unserer freiheitlichen Gesellschaft ist der

der Subsidiarität: Der Staat soll nur dort eingreifen, wo die Individuen oder Gruppen von Individuen nicht in der Lage sind, die entsprechende Aufgabe zu erfüllen. Subsidiarität setzt also auf die größtmögliche Entfaltung der einzelnen Persönlichkeit und auf ein möglichst hohes Maß an Selbstbestimmung und damit auch Selbstverantwortung. Ebenso setzt unsere Gesellschaftsordnung auf eine subsidiäre Ordnung innerhalb des Staates, also darauf, dass nur dort, wo die unterste Eben des Gemeinwesens eine Aufgabe nicht erfüllen kann, die nächsthöhere diese Aufgabe übernehmen darf. Staatliches Handeln muss sich an dieser Maxime orientieren, um nicht die Gefahr von Überregulierung und damit letztlich Einschränkung der Freiheit des einzelnen Bürgers und damit am Ende der gesamten Gesellschaft zu riskieren. Subsidiarität ist damit letztlich ein zentraler Grundgedanke, der demokratische, an der individuellen Freiheit der Bürger ausgerichtete Staaten von solchen mit eher totalitärer Ordnung unterscheidet.

Ist es möglich, aus der Grundidee der sozialen Marktwirtschaft einerseits und dem Grundprinzip der Orientierung staatlichen Handelns an der Subsidiarität andererseits heute Anregungen für die Weiterentwicklung des deutschen Gesundheitssystems zu beziehen? Ludwig Erhard sah im Markt und im dort herrschenden Wettbewerb das zentrale Leitbild der sozialen Marktwirtschaft. Wettbewerb, so seine Überzeugung, würde als solcher, gebändigt durch eine vom Staat garantierte Wettbewerbsordnung, die die Bildung wirtschaftlicher Machtkonzentrationen – etwa von Monopolen und ihren negativen Auswirkungen – verhindert, zu positiven Ergebnissen führen. Die soziale Ausrichtung der Marktwirtschaft sollte im Sinne des Subsidiaritätsprinzips nur dort, wo sie sonst gefährdet wäre, durch den Staat durch gezielte Steuerung und soziale Interventionen sichergestellt werden.

Die Grundfrage, die heute zu beantworten ist, wenn nach dem Verhältnis von sozialer Marktwirtschaft, Subsidiarität und Gesundheitssystem gefragt wird, ist die, auf welche Seite denn das Gesundheitssystem gehört: Ist unser Gesundheitswesen auch zukünftig der Sphäre des schutzbedürftigen und schutzwürdigen Sozialen zuzuordnen, das vom Staat im Sinne des Subsidiaritätsprinzips durch soziale Interventionen sichergestellt werden muss? Hinzu kommt die sich daran anschließende Frage, wie stark der Staat solche Teilbereiche von sozialen bzw. gesundheitlichen Leistungen, die er durch individuelle Wirtschafssubjekte erstellen lässt, bis in Details hinein regeln soll oder gar darf.

Prof. Dr. Thomas Straubhaar, der Direktor des Weltwirtschaftsinstitutes in Kiel, sieht viele „soziale" Themen zukünftig im Sinne eines Perspektivwechsels als Themen der Wirtschaftspolitik und nicht der Sozialpolitik, darunter auch die Gesundheitspolitik. Dann aber müssen die Prinzipien der sozialen Marktwirtschaft auch auf die Gesundheitspolitik angewandt werden. Straubhaar zählt dazu neben Wettbewerb und Veränderungsbereitschaft vor allem die strikte Trennung von sozialen Themen einerseits und (markt-) wirtschaftlichen Themen andererseits. Außerdem müssten sozialpolitische Ziele direkt, also personenbezogen, angepeilt werden und nicht indirekt, also objekt- oder institutionenbezogen.[1]

Gut verdeutlichen kann man das am Beispiel des Wettbewerbs: Er stellt durch die damit verbundenen Suchprozesse nach den besten Lösungen eine Chance dar, für die Gesellschaft insgesamt Vorteile und Wachstum zu erreichen. Nun gibt es das bekannte Phänomen des Marktversagens in Teilen des Gesundheitssystems. Damit verbietet es sich, Markt und Wettbewerb als grundsätzliches – und vielleicht auch noch zentrales – Prinzip bei der Gestaltung des Gesundheitswesens zu nutzen. Doch in vielen Teilbereichen und insbesondere bei der Gestaltung der Versorgungsseite sowie der Versicherungsseite können die Prinzipien der sozialen Marktwirtschaft als Leitgedanken genutzt werden, um das System so zu gestalten, dass die bereits erwähnten grundlegenden Zielvorstellungen unserer Gesellschaft – eine sozial flankierte Wettbewerbsordnung und Subsidiarität als leitendes Ordnungsbild – wieder stärker zum Tragen kommen und dennoch weitere Grundziele der Gesundheitspolitik wie zum Beispiel eine zuverlässige, garantierte gesundheitliche Versorgung im Bedarfsfall und die Finanzierbarkeit solcher Versorgung auch in der Zukunft erfüllt werden.

Der Sachverständigenrat zur Begutachtung der Entwicklung im Gesundheitswesen (SVR Gesundheit) hat in seinem Gutachten 2007 das Konzept des Gewährleistungsstaates beschrieben, das dem hier vertretenen Ansatz sehr nahe kommt. Dort heißt es zu diesem Konzept:

„Das Konzept des Gewährleistungsstaates beschreibt ein gewandeltes Rollenverständnis des Staates. Der Staat stellt danach die Bereitstellung öffentlicher Güter sicher, ohne diese in jedem Fall selbst zu erstellen. Vielmehr wird die Bereitstellung auf private oder gemeinnützige Akteure übertragen, wobei auch Mischformen zwischen staatlicher, gemeinnütziger und privater Erstellung Alternativen darstellen (Public Private Partnership). Der Gewährleistungsstaat stellt in Analogie zur ‚unsichtbaren Hand' des Marktes Organisations-, Verfahrens- und Regelungsstrukturen bereit, mit dessen Hilfe die Handlungen nicht-staatlicher Akteure, die primär ihre eigenen Interessen verfolgen, zum Gemeinwohl beitragen sollen. Das Konzept des Gewährleistungsstaates ist daher nicht mit dem Begriff des ‚schlanken Staates' zu verwechseln, der eher einen weitgehen-

1 Vgl. Straubhaar, T.: Vortrag „60 Jahre Soziale Marktwirtschaft – Ein Rückblick und ein Ausblick", Jena 20.6.2008.

den Rückzug des Staates durch Deregulierung und Privatisierung beschreibt. Kern des Gewährleistungsstaates ist dagegen die Gewährleistungsverantwortung, die sich in Form einer Überwachungs- und Regulierungsverantwortung ausdrückt."[2]

Im Hinblick auf die Krankenhausplanung hat der SVR Gesundheit dieses Konzept des Gewährleistungsstaates in die drei Teilbereiche staatlichen Handelns

- Zulassung von Krankenhäusern zur Versorgung der Versicherten in den gesetzlichen Krankenkassen,
- Monitoring der Versorgungsstrukturen bezüglich der Kapazitäten, des Zugangs und der Qualität der erbrachten Leistungen,
- Regulation und Sicherung der Versorgung mit Krankenhausleistungen im Falle einer festgestellten oder drohenden Unterversorgung

übertragen (siehe Abb. 1).

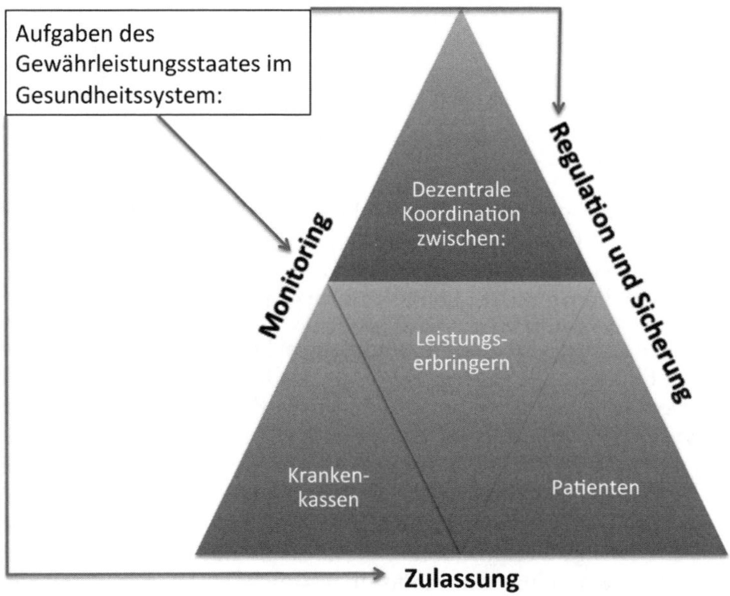

Abb. 1: Konzept des Gewährleistungsstaates im Gesundheitssystem
Quelle: Dr. Uwe K. Preusker, nach SVR Gesundheit, Gutachten 2007

2 SVR Gesundheit: Kooperation und Verantwortung – Voraussetzungen einer zielorientierten Gesundheitsversorgung, Gutachten 2007, Bonn 2007, S. 373.

Konkret führt der SVR Gesundheit dazu unter anderem aus: „Die Gewährleistungsverantwortung des Staates würde sich in Zukunft nicht mehr in einer Angebotsplanung sondern in einem Angebotsmonitoring niederschlagen. Das primäre Ziel des Angebotsmonitoring durch die Bundesländer müsste es sein, Unterversorgung mit Krankenhausleistungen zu vermeiden: Wo ein Angebot durch kommunale, freigemeinnützige oder private Krankenhausträger nicht zustande kommt, wäre es die Aufgabe der Länder, die Versorgung sicherzustellen. Dagegen ist es für die Krankenhausplanung der Länder nicht von Belang, ob in einer Region ein Überangebot an bestimmten Krankenhausleistungen existiert. Im Rahmen eines einheitlichen, leistungsorientierten Fallpauschalensystems, in dem auch die Investitionskostenbestandteile enthalten sind, ist es Teil des unternehmerischen Risikos eines Krankenhausträgers, ob sich sein Angebot in einer bestimmten Region selbst tragen kann."[3]

Doch das vom SVR Gesundheit hier konkret auf den Umbau der Krankenhausplanung der Länder von einer Detailplanung auf der Ebene der Abteilungen und der Betten hin zu einer Rahmenplanung und einer Koordination auf der Mikroebene bezogene Modell eignet sich keineswegs nur für den Bereich der Krankenhausplanung, sondern zur Umgestaltung der Regulierung des Gesundheitssystems durch staatliches Handeln insgesamt. So kann das Konzept der Zulassung, des Monitorings auf mögliche Unterversorgung und Qualitätsmängel sowie der Regulation und Sicherung ebenso auf die gesamte Leistungserbringung, also zum Beispiel die Versorgung mit ambulanten medizinischen Leistungen, mit Pflegeleistungen oder mit Arzneimitteln, übertragen werden, ohne das Organisationsrecht sowie die ökonomische Handlungsfreiheit privater und gemeinnütziger Akteure im Gesundheitsmarkt durch mehr und mehr Detailregelungen einzuschränken, ohne aber gleichzeitig auch auf die gezielte Verfolgung zentraler gesundheitspolitischer bzw. gesellschaftlicher Zielsetzungen zu verzichten. Verzichten müssten Gesundheitspolitik und Gesundheitsverwaltung allerdings auf die direkten Eingriffsmöglichkeiten in die Leistungserbringung im Gesundheitssystem.

Ähnliches gilt für die Organisation und Regulation des Versicherungsmarktes: Auch hier könnte – ohne Verzicht auf die Verfolgung zentraler Ziele der Gesundheits- und Sozialpolitik – wie Chancengleichheit, Solidarität oder das Recht auf adäquate gesundheitliche Versorgung im Bedarfsfall – eine deutlich geringere Regulationsdichte im Sinne des Gewährleistungsstaates erreicht werden. Gepaart mit einer sozialen Wettbewerbsordnung, die Wettbewerb der Versorger und Versicherer fördert,

3 SVR Gesundheit: Kooperation und Verantwortung – Voraussetzungen einer zielorientierten Gesundheitsversorgung, Gutachten 2007, Bonn 2007, S. 374

aber die Sicherheit des Bürgers, sich tatsächlich versichern zu können und im Bedarfsfall eine qualitätsgesicherte gesundheitliche Versorgung zu erhalten, nicht einzuschränken. Gleichzeitig muss ein solches, sich auf die Regelung der Organisations-, Verfahrens- und Regelungsstrukturen beschränkendes Staatshandeln auch den Bürger in die Pflicht nehmen: Dazu gehört die Versicherungspflicht gegen gesundheitliche und pflegerische Risiken, aber auch das Recht, sich den Versicherer ebenso wie über das Grundbedürfnis hinausgehende zusätzliche Versicherungsleistungen frei auswählen zu können.

Neben dem Wettbewerb ist Transparenz eine zweite wesentliche Voraussetzung für einen funktionierenden Markt. Das stimmt gerade für die Gesundheitswirtschaft: Hier funktioniert der Markt zwar nur unvollkommen, doch wer hier Wettbewerb will, muss Transparenz fördern. Teil der staatlichen Aufgabe im Sinne des Gewährleistungsstaates wäre es damit auch, die Transparenz gesundheitlicher Leistungen zu gewährleisten. Möglich wäre eine gezielte Förderung einer Entwicklung in diese Richtung zum Beispiel durch die an der Gründung der „Stiftung Warentest“ im Jahr 1964 orientierten Errichtung einer „Stiftung Gesundheitstest“, wie sie Heinz Lohmann zum Beispiel auf dem Gesundheitswirtschaftskongress 2010 in Hamburg gefordert hat. Im Ergebnis würde eine solche „Stiftung Gesundheitstest“ eine Entwicklung auslösen, bei der durch bessere Leistungs- und Qualitätstransparenz tatsächlich der Patient in den Mittelpunkt der Gesundheitsbranche rücken würde. Die Voraussetzungen sind durch die jederzeitige Verfügbarkeit des Internets heute besser als je zuvor.

Angesichts dieser Ausgangslage hat die Idee einer „Stiftung Gesundheitstest“ einen nicht zu unterschätzenden Charme: Unabhängige, an den Bedürfnissen der Patienten und ihrer Angehörigen ausgerichtete Tests und Überprüfungen von Gesundheitsleistungen und -produkten würden in aller Voraussicht nach mehr Informationen versprechen als die bisherigen, eher bürokratisch anmutenden Aktivitäten in Sachen Qualitätstransparenz. Gleichzeitig wäre eine solche Stiftung der Unabhängigkeit gegenüber allen Akteuren im Gesundheitswesen und der Politik verpflichtet.

5 Gesundheitswesen – Gesundheitswirtschaft

Dass das Gesundheitssystem weit mehr ist als nur ein Teil unseres sozialen Sicherungssystems, das im Wesentlichen Kosten verursacht, sondern als eine zentrale Zukunftsbranche unserer Wirtschaft unmittelbar und in erheblichem Maße zur Wertschöpfung und damit zum Wohlstand unserer Volkswirtschaft beiträgt und darüber hinaus auch noch als ein zentraler Standortfaktor die gesamte Wirtschaftsleistung unseres Landes erst ermöglicht, ist mittlerweile über das Stadium der reinen Behauptungen hinaus gediehen. Mit dem Gesundheitssatellitenkonto für die Gesundheitsbranche, das in einem anderen Beitrag dieses Buches detaillierter beschrieben wird, ist dies auch im System der volkswirtschaftlichen Gesamtrechnung mittlerweile nachgewiesen. Das gilt auch für das Gesundheitswesen als Beschäftigungsmotor: Für das Jahr 2010 berichtet das Statistische Bundesamt von insgesamt 4,83 Millionen Beschäftigten im Gesundheitswesen – und das seit vielen Jahren mit steigender Tendenz, denn im Jahr 2000 waren erst 4,12 Millionen Menschen im Gesundheitswesen tätig.

Doch so segensreich die antizyklische Wirkung der Gesundheitsbranche auf Wertschöpfung und Beschäftigung für die Gesamtwirtschaft in ökonomischen Krisenzeiten ist – mit der antizyklischen Kostendämpfungspolitik, mit der dann später die Belastungen durch eventuell steigende Beitragsbelastungen nach dem Prinzip der Beitragssatzstabilität und des defizitfreien Gesundheitsfonds aufgefangen werden, wird die Dynamik des Gesundheitssektors jeweils wieder gebrochen. Statt Verstetigung der Entwicklung wird so provoziert, dass die Gesundheitsbranche in einem eigenen Zyklus starke Wachstumsimpulse und dann wieder starke Bremseffekte erfährt. Hinzu kommt, dass Kostendämpfungs-Eingriffe, über die solche Regulierungen mittlerweile traditionell ablaufen, immer wieder die Planbarkeit von Entwicklungen völlig zunichtemachen – ein für nach ökonomischen Prinzipien arbeitende Wirtschaftsbetriebe massiver Nachteil.

Das gilt auch für entwicklungsintensive Bereiche wie die Medizintechnik- und Pharmaindustrie. Sie brauchen ein Mindestmaß an Planungssicherheit über die Rahmenbedingungen, um erfolgreich in Forschung und damit Innovation zum Wohle der Patienten, aber natürlich auch zum Wohle des eigenen Unternehmens investieren zu können. Auch hier würde ein Paradigmenwechsel in der Gesundheitspolitik – weg von der kurzatmigen Kostendämpfungs- und Eingriffspolitik hin zur langfristig orientierten Politik eines Gewährleistungsstaates, der mit Anreizen die Entwicklungsrichtung beeinflusst, segensreich wirken können. In der Forschungsförderung ist dies gang und gäbe – in der Gesundheitspolitik wäre dies eine echte strukturelle Innovation!

6 Den Übergang schaffen

Neue Wege der Steuerung und Entwicklung von Gesundheitspolitik und Gesundheitsbranche sind nötig, um den hier beschriebenen Paradigmenwechsel vom Eingriffs- zum Gewährleistungsstaat zu realisieren. Was ist dazu erforderlich? Zunächst die Erkenntnis der Politik, dass die Feinsteuerung des Gesundheitssystems nicht ihre Aufgabe ist. Das würde nämlich dann dazu führen, dass man sich systematisch Gedanken darüber machen müsste, wie denn zukünftig die Steuerung, insbesondere aber die Feinsteuerung unseres Gesundheitssystems erfolgen soll.

Ein denkbarer Weg könnte sein, den Sachverständigenrat zur Begutachtung der Entwicklung im Gesundheitswesen mit einem Sondergutachten zu beauftragen, wie denn Gesundheitssystem und Gesundheitsbranche gemeinsam weiterentwickelt und in ein – von den vom Gewährleistungsstaat vorgegebenen Rahmenbedingungen abgesehen – selbststeuerndes und dem Prinzip der Subsidiarität gehorchendes System überführt werden könnten.

Zweiter Teil dieses Sondergutachtens sollte dann sein, dass der Rat untersucht, wie die viel beschworene Eigendynamik der Gesundheitsbranche genutzt werden könnte, um die zukünftige Finanzierung des Gesamtsystems mit zu erleichtern, vielleicht sogar sicherzustellen. Und schließlich würde der Rat noch untersuchen sollen, wie die immanente Dynamik der Gesundheitsbranche systematisch gefördert werden kann, statt diese Dynamik durch Kostendämpfungs-Gesetze immer wieder aufs Neue zu brechen.

Die zentrale Leitlinie dafür wäre: Rahmensetzung statt Eingriffsverwaltung sowie Fördern statt Bestrafen – also Verzicht auf Budgets, Deckelungen und Kostendämpfung und stattdessen Incentives für eine florierende, solidarische und am Bürger und Patienten orientierte Gesundheits-Landschaft in Deutschland (siehe Abb. 2)! Dann wäre Gesundheitspolitik zukünftig immer auch ein gutes Stück Gesundheitswirtschaftspolitik.

Staat und Gesundheitspolitik	**Nicht-staatlichen Akteure**

• Zentrale Aufgabe:
  • Bereitstellung öffentlicher Güter
• Erfüllung durch:
  • Schaffung von Regelungs-, Verfahrens- und Organisationsstrukturen
• Instrumente:
  • Rahmensetzung
  • Steuerung durch Anreize
  • Zulassung
  • Monitoring
  • Regulation und Sicherung (z.B. bei Marktversagen)
  • Schaffung von größtmöglicher Qualitäts- und Leistungstransparenz
	• Krankenkassen
	• Leistungserbringer
	• Leistungspartner (AM-Hersteller, MedTech-Industrie etc.)
	➢ Organisationsfreiheit, Personalhoheit, Verhandlungen für Preise und Mengen
	➢ Verfolgen innerhalb des staatlich vorgegebenen Rahmens eigene Interessen
	➢ Nutzen Anreizsteuerung des Staates, soweit diese mit ihren Interessen übereinstimmt
	➢ Zulassung und Monitoring ihres Handelns gemäß staatlicher Rahmensetzung

Bürger / Versicherte / Patienten

- ➢ Verfolgen innerhalb des staatlich vorgegebenen Rahmens eigene Interessen
- ➢ Versicherungspflicht (mit Kontrahierungszwang für die Krankenkassen im Bezug auf den Mindestschutz)
- ➢ Solidarität im Rahmen des Mindestschutzes
- ➢ Freie Wahl des Krankenversicherers
- ➢ Versicherungsfreiheit über den im staatlichen Rahmen festgesetzten Mindestschutz hinaus
- ➢ Freie Wahl der Leistungserbringer

Tragende Grundprinzipien:
Subsidiarität, Solidarität und soziale Marktwirtschaft

Abb. 2: Gesundheitssystem und Gewährleistungsstaat: Verhältnis der Akteure zueinander und tragende Grundprinzipien
Quelle: Dr. Uwe K. Preusker

Gesundheitssatellitenkonto – der Erste Schritt

Prof. Dr. rer. pol. Klaus-Dirk Henke/Dr. Dennis A. Ostwald

1 Ausgangslage: Auf dem Wege zu einer Gesundheitswirtschaftspolitik?

Die Gesundheitswirtschaft zählt zu den wachstumsstärksten und beschäftigungsintensivsten Wirtschaftsbranchen Deutschlands. Sie ist ein bedeutsamer Teil unserer Dienstleistungsgesellschaft und spielt auch international und regional (z. B. Berlin/Brandenburg) eine nicht zu unterschätzende Rolle als ein personalintensiver Wirtschaftssektor. Der nächste Kondratieff-Zyklus wird nach Meinung zahlreicher Fachleute in den kommenden Jahren und Jahrzehnten vom Thema Gesundheit und Wellness geprägt sein.[1] Bei der Nachfrage nach Gesundheitsleistungen stehen primär gesundheitsrelevante Aspekte, wie die Erhaltung von Gesundheit oder die Linderung von Beschwerden, im Vordergrund. Die steigende Nachfrage nach Gesundheitsleistungen birgt jedoch auch Wachstums- und Beschäftigungspotenziale. Der Sachverständigenrat zur Begutachtung der Entwicklung im Gesundheitswesen[2] hat bereits in seinem Jahresgutachten 1997 darauf hingewiesen, dass ein expandierender Gesundheitssektor auch einen Wirtschafts- und Wachstumsfaktor darstellt. Durch seine überdurchschnittliche Arbeitsintensität ist auch der Anteil an den Beschäftigten vergleichsweise hoch.

1 Vgl. Nefiodow, L. A. (1999): Der sechste Kondratieff. Wege zur Produktivität und Vollbeschäftigung im Zeitalter der Information, Sankt Augustin Rhein-Sieg-Verlag, Bonn; Nefiodow, L. A. (1998): Der sechste Kondratieff. Die großen neuen Märkte des 21. Jahrhunderts, in: Nefiodow, L. A. / Thomas, H. (Hrsg.): Kondratieffs Zyklen der Wirtschaft, Herford.

2 Vgl. Sachverständigenrat zur Begutachtung der Entwicklung im Gesundheitswesen (früher: Sachverständigenrat für die Konzertierte Aktion im Gesundheitswesen) (1997): Sondergutachten 1997, Gesundheitswesen in Deutschland – Kostenfaktor und Zukunftsbranche, Band II, Fortschritt und Wachstumsmärkte, Finanzierung und Vergütung, Baden-Baden.

Das so genannte Gesundheitssatellitenkonto ermöglicht erstmalig eine qualitative und quantitative Erfassung der deutschen Gesundheitswirtschaft auf der Basis der Volkswirtschaftlichen Gesamtrechnungen. Es bildet die Querschnittsbranche in Kategorien der Volkswirtschaftlichen Gesamtrechnungen ab.[3] Somit ergibt sich die Möglichkeit, die ökonomische Bedeutung der deutschen Gesundheitswirtschaft für Wachstum und Beschäftigung zu quantifizieren und zu analysieren. In der Tab. 1 sind die wichtigsten Eckdaten der Gesundheitswirtschaft und erstmals auch deren Entwicklung im Zeitverlauf von 2005 bis 2008 dargestellt.

Tab. 1: Zentrale Eckwerte der deutschen Gesundheitswirtschaft von 2005 bis 2008 in Mrd. Euro

Quelle: WifOR, Roland Berger, TU Berlin.

	2005	2006	2007	2008[1)]	Veränderung 08 zu 05	
Gesamtes Aufkommen an Gütern	373,98	392,61	412,61	428,34	54,359	*14,54%*
Anteil an der Gesamtwirtschaft	*7,80%*	*7,64%*	*7,63%*	*7,67%*		
Produktionswert	327,14	339,06	353,32	367,54	20.52	*12,35%*
Anteil an der Gesamtwirtschaft	*8,08%*	*7,94%*	*7,86%*	*7,96%*		
Bruttowertschöpfung	203,22	208,79	214,64	223,74	10,20	*10,10%*
Anteil an der Gesamtwirtschaft	*10,04%*	9,96%	*9,86%*	*10,06%*		
Konsumausgaben	273,47	281,31	289,36	299,33	25,86	*9,46%*
Anteil an der Gesamtwirtschaft	*17,33%*	*17,44%*	*17,77%*	*17,88%*		
Exporte	54,78	63,78	71,51	72,84	18,07	*32,98%*
Anteil an der Gesamtwirtschaft	*6,09%*	*6,19%*	*6,41%*	*6,29%*		
Erwerbstätige [Tsd.]	5.315	5.342	5.439	5.593	278	*5,24%*
Anteil an der Gesamtwirtschaft	13,69%	*13,67%*	*13,69%*	*13,89%*		

Die Ergebnisse belegen, dass in der Gesundheitswirtschaft mit fast 5,6 Millionen Erwerbstätigen im Jahre 2008 mehr als jeder 8. Erwerbstätige des Arbeitsmarktes in dieser Branche beschäftigt ist. Gleichzeitig beläuft sich die ökonomische Wertschöpfung auf 224 Mrd. Euro, so dass fast jeder zehnte Euro durch die Wertschöpfung in der Gesundheitswirtschaft entsteht.[4] Mit anderen Worten: 1/10 der deutschen Wirtschaftskraft macht diese Branche aus. Zum Export trägt die Gesundheitswirtschaft knapp 73 Mrd. Euro, d. h. gut 6 % bei. Alle diese wichtigen Kennzahlen, allen voran der Exportanteil, haben in den letzten vier Jahren deutlich zugenommen (siehe Tab. 1).

3 Vgl. Henke, K.-D. / Neumann, K. / Schneider, M. et. al. (2010): Erstellung eines Satellitenkontos für die Gesundheitswirtschaft in Deutschland, NOMOS, Baden-Baden.

4 Die bundesweite Bruttowertschöpfung belief sich im Jahr 2008 auf ca. 2224,1 Mrd. Euro. Diese entspricht zuzüglich der Gütersteuern und abzüglich der Subventionen dem deutschen Bruttoinlandsprodukt.

Mit dem Gesundheitssatellitenkonto und der damit verbundenen wissenschaftlich fundierten Berechnungsmethode werden neue belastbare Daten und Informationen erstmals für eine zielgerichtete Gesundheitswirtschaftspolitik zur Verfügung gestellt. Die vorliegenden Berechnungen können nicht nur bundesweit vom Statistischen Bundesamt sondern auch bundeslandspezifisch von den Statistischen Landesämtern in die Routineberichterstattung aufgenommen werden. Folglich könnten diese Daten regelmäßig und amtlich bestätigt für Deutschland und einzelne Regionen bzw. Bundesländer[5] sowie für bestimmte Branchen[6] innerhalb der Gesundheitswirtschaft ermittelt und der Öffentlichkeit zur Verfügung gestellt werden. Damit läge eine valide Datenbasis für gesundheitswirtschaftliche Entscheidungen im Rahmen einer effizienten Branchen- und Industriepolitik vor.

2 Das Gesundheitssatellitenkonto als erster Schritt zur ökonomischen Quantifizierung der Gesundheitswirtschaft

Die Einschätzung des Gesundheitssektors als reiner Kosten- bzw. konsumtiver Ausgabenfaktor greift zu kurz.[7] Als Folge hat sich die Erfassung und Beurteilung der Gesundheitswirtschaft in Wissenschaft, Verbandswelt, Politik und in der Öffentlichkeit in den letzten Jahren deutlich verändert. Die einseitige Wahrnehmung des Gesundheitswesens als Gegenstand von Kostendämpfungsdiskussionen wandelt sich zu mehr Ergebnisbetrachtung in Form von Vermeidung von Krankheiten, Invalidität und vorzeitigem Tod. Dazu gehört auch die Forderung nach mehr Prävention, Gesundheitsförderung und steigender Qualität in der Krankenversorgung bzw. der gesundheitlichen Betreuung der Bevölkerung.[8]

5 Vgl. www.gw-kompass.de

6 In diesem Kontext erstellt WifOR derzeit einige unternehmensspezifische Satellitenkonten, die betriebswirtschaftliche Kennzahlen in die Systematiken der VGRen überführen.

7 Vgl. Henke, K.-D. / Martin, K. (2008): Gesundheitsökonomische Szenarien zur Prävention, NOMOS, Baden-Baden; Henke, K.-D. / Martin, K. (2009): Health as a Driving Economic Force, in: Kickbusch, I. (Hrsg.): Policy Innovation for Health, Springer, Berlin; Ostwald, D. A. (2008): Wachstums- und Beschäftigungseffekte der Gesundheitswirtschaft in Deutschland, Dissertation, MWV Verlag, Berlin; Ranscht, A. (2009): Quantifizierung regionaler Wachstums- und Beschäftigungseffekte der Gesundheitswirtschaft – am Beispiel ausgewählter Metropolregionen, Dissertation, MWV Verlag, Berlin.

8 Vgl. Frauenhofer Institut für Systemtechnik und Innovationsforschung (2009): Innovation für mehr Gesundheit, MetaForum „Innovation im Gesundheitswesen" 2007 – 2009, Karlsruhe, S. 3.

Aus rein ökonomischer Sicht gewinnt jedoch die Gesundheitswirtschaft als ein personalintensiver und expandierender Wirtschaftszweig regional und auch global gesehen immer mehr an Bedeutung.[9]

Grundlage des Satellitenkontos bildet die güter- bzw. produktspezifische sowie die finanzierungsseitige Abgrenzung der Gesundheitswirtschaft. Sie wird in der Literatur unterschiedlich abgegrenzt: Ringmodelle, Pyramidenmodelle, Zwiebelmodelle, Kästchenmodelle und Stufenmodelle stehen neben einander.[10] Im Kontext des Satellitenkontos wird sowohl zwischen ersten und zweiten Gesundheitsmarkt sowie zwischen Kernbereich und einem erweiterten Bereich der Gesundheitswirtschaft unterschieden.

In der nachfolgenden Abb. 1 sind diese Differenzierungen mit Hilfe eines 4-Felder-Schemas dargestellt.

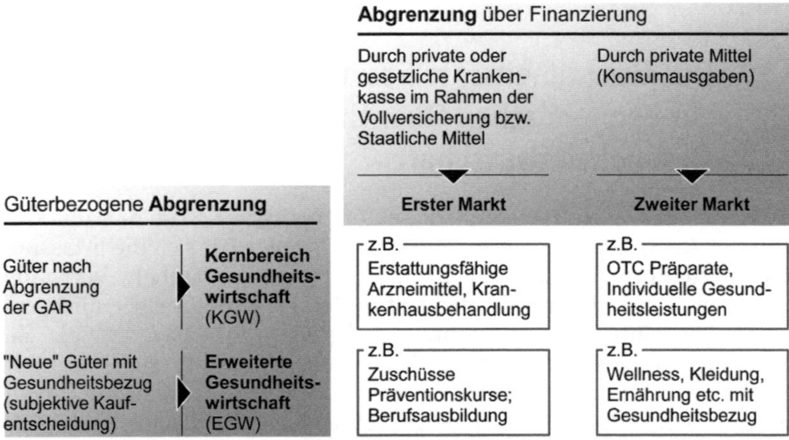

Abb. 1: 4-Felder-Schema der Gesundheitswirtschaft

Quelle: Henke, K.-D./Neumann, K./Schneider, M. et. al., 2010. GAR: Gesundheitsausgabenrechnung

---

9 Vgl. Ostwald, D. A. (2008): Wachstums- und Beschäftigungseffekte der Gesundheitswirtschaft in Deutschland, Dissertation, MWV Verlag, Berlin; Ranscht, A. (2009): Quantifizierung regionaler Wachstums- und Beschäftigungseffekte der Gesundheitswirtschaft – am Beispiel ausgewählter Metropolregionen, Dissertation, MWV Verlag, Berlin; Henke, K.-D. / Neumann, K. / Schneider, M. et. al. (2010): Erstellung eines Satellitenkontos für die Gesundheitswirtschaft in Deutschland, NOMOS, Baden-Baden; Bundesministerium für Wirtschaft und Technologie, BMWi (2011): Exportinitiative Gesundheitswirtschaft, Berlin, Juli 2011.

10 Siehe dazu im Einzelnen Henke, K.-D. / Troppens, S. (2010): Von der qualitativen zur quantitativen Erfassung der Gesundheitswirtschaft, in: Fachinger, U. / Henke, K.-D. (Hrsg.): Der private Haushalt als Gesundheitsstandort, Baden-Baden, S. 207 – 229.

Die Felder sind durch folgende Merkmale geprägt:

- Güter und Dienstleistungen im ersten Markt (im engeren und im weiteren Bereich)
  - Güter, die herkömmlich zum Kernbereich der Gesundheitswirtschaft zählen und in den Ersten Gesundheits-„markt" gehören. Hier geht es um die erstattungsfähigen Leistungen (bspw. erstattungsfähige Arzneimittel)
  - Güter, die nicht zum Kernbereich der Gesundheitswirtschaft zählen (also zur Erweiterten Gesundheitswirtschaft) und in den Ersten Gesundheitsmarkt gehören (bspw. Finanzierung von Gesundheitsreisen über das Präventionsbudget einer GKV, Bezuschussung von Fitness-Studios)
- Güter und Dienstleistungen im Zweiten Markt (im engeren Bereich und im weiteren Bereich)
  - Güter, die herkömmlich zum Kernbereich der Gesundheitswirtschaft zählen und in den Zweiten Gesundheitsmarkt gehören (bspw. OTC-Präparate, IGEL-Leistungen)
  - Güter, die herkömmlich nicht zum Kernbereich der Gesundheitswirtschaft zählen (also zur Erweiterten Gesundheitswirtschaft) und in den Zweiten Gesundheitsmarkt gehören. Dazu gehören Gesundheitsreisen, gesunde Ernährung, gesunde Kleidung etc., die zu Kosten der privaten Lebensführung bzw. den privaten Konsumausgaben gezählt werden können.

Durch diese Abgrenzung ergeben sich verschiedene Analysemöglichkeiten. So lassen sich für die insgesamt 14 verschiedenen Gütergruppen des Kernbereichs (9 Unterbereiche) und des erweiterten Bereichs (5 Unterbereiche) im ersten und zweiten Markt der Gesundheitswirtschaft Zahlen zur Produktion, zum Konsum, zur Exporttätigkeit, zur Wertschöpfung sowie zur Beschäftigung ermitteln.

In Abb. 2 sind exemplarisch die Konsumausgaben der Gesundheitswirtschaft im Jahr 2008 auf diese vier Felder aufgeteilt.

	Erster Markt	Zweiter Markt	Gesamt
Kernbereich Gesundheitswirtschaft	211,5 70,7%	23,7 7,9%	235,2 78,6%
Erweiterte Gesundheitswirtschaft	29,7 9,9%	34,4 11,5%	64,1 21,4%
Gesamt	241,2 80,6%	58,1 19,4%	299,3 100,0%

Absolut [in Mrd. EUR]
Anteil Gesamt [in %]

Abb. 2: Konsumausgaben getrennt nach den Teilbereichen KGW/EGW sowie ihrer Finanzierungsstruktur (1./2. Markt)
Quelle: WifOR, Roland Berger, TU Berlin (2011).

Es wird deutlich, dass im Jahr 2008 der Anteil des Zweiten Gesundheitsmarkts 19,4 % der gesamten Konsumausgaben in der Gesundheitswirtschaft beträgt. Bemerkenswert ist insbesondere, dass die erweiterte Gesundheitswirtschaft des zweiten Gesundheitsmarktes im Jahr 2008 mit 34,4 Mrd. Euro einen Anteil von 11,5 % der gesamten Konsumausgaben ausmacht. In diesem Segment werden zudem durch den zunehmenden Wohlstand und die damit verbundene Nachfragesteigerung große Wachstumspotenziale gesehen. Die gesamte erweiterte Gesundheitswirtschaft umfasst ca. 21,4 % der gesundheitsrelevanten Konsumausgaben. Somit lässt sich folgender Zusammenhang feststellen: Rund 20 % der Konsumausgaben werden im zweiten Gesundheitsmarkt und der erweiterten Gesundheitswirtschaft erbracht, während 80 % der Konsumausgaben im ersten Gesundheitsmarkt und dem Kernbereich erfasst werden.

Ergänzend sind in der nachfolgenden Tabelle die wichtigsten Eckdaten des Gesundheitssatellitenkontos für das Jahr 2008 getrennt nach Kernbereich (KGW) und erweitertem Bereich (EGW) dargestellt.

Tab. 2: Zentrale Eckwerte der deutschen Gesundheitswirtschaft getrennt nach Kernbereich und erweitertem Bereich für das Jahr 2008
Quelle: WifOR, Roland Berger, TU Berlin (2011).

Eckwerte GSK 2008	GW (gesamt)	KGW[1)]	EGW[1)]
Gesamtes Aufkommen an Gütern [in Mrd. EUR]	**428,3**	**315,7**	**112,6**
Anteil an der Gesamtwirtschaft [in %]	7,68%	5,66%	2,02%
Produktionswert [in Mrd. EUR]	**367,6**	**275,9**	**91,7**
Anteil an der Gesamtwirtschaft [in %]	7,97%	5,98%	1,99%
Bruttowertschöpfung [in Mrd. EUR]	**223,7**	**171,4**	**52,3**
Anteil an der Gesamtwirtschaft [in %]	10,06%	7,71%	2,35%
Konsumausgaben [in Mrd. EUR]	**299,3**	**235,2**	**64,1**
Anteil an der Gesamtwirtschaft [in %]	17,88%	14,05%	3,83%
Exporte [in Mrd. EUR]	**72,8**	**55,2**	**17,6**
Anteil an der Gesamtwirtschaft [in %]	6,29%	4,77%	1,52%
Erwerbstätige [in Tausend]	**5.593**	**4.367**	**1.226**
Anteil an der Gesamtwirtschaft [in %]	13,88%	10,84%	3,04%

1) KGW ... Kernbereich der Gesundheitswirtschaft EGW ... Erweiterte Gesundheitswirtschaft Zur Abgrenzung vgl. GSK

Die dargestellten Ergebnisse verdeutlichen, dass der erweiterte Bereich der Gesundheitswirtschaft einen bedeutenden Beitrag zur Gesundheitswirtschaft leistet. Bereits heute arbeiten mehr als 1,2 Mio. Erwerbstätige in diesem Teilbereich. Bereits diese Zahl übersteigt die derzeit Beschäftigten in der Automobilindustrie, in der je nach Abgrenzung im Jahre 2008 zwischen 850 000 und 1,2 Mio. Erwerbstätige arbeiteten. Des Weiteren werden im erweiterten Bereich der Gesundheitswirtschaft Waren und Dienstleistungen in Höhe von rund 18 Mrd. Euro exportiert. Dies entspricht knapp 25 % der gesamten Exportleistung der deutschen Gesundheitswirtschaft.

In den Tab. 3 und 4 sind die Wertschöpfungs- und die Beschäftigungseffekte der Gesundheitswirtschaft – getrennt nach den Gütergruppen – für die Jahre 2005 bis 2008 dargestellt.

Tab. 3: Wertschöpfung der deutschen Gesundheitswirtschaft differenziert nach Gütergruppen im Zeitraum von 2005 bis 2008
Quelle: WifOR, Roland Berger, TU Berlin (2011).

			Bruttowertschöpfung in Mio. €			
			2005	**2006**	**2007**	**2008**
KGW	G_1	Pharmazeutische Erzeugnisse	9,635.56	10,346.90	10,659.04	10,552.37
	G_2	Medizintechnische Geräte	9,172.88	9,448.82	9,692.39	9,960.43
	G_3	Sonstige Waren des Kernbereichs	250.05	252.41	278.53	268.86
	G_4	Einzelhandelsleistungen des Kernbereichs	7,798.87	7,876.22	7,990.97	8,358.32
	G_5	Private Versicherungen zur Deckung gesundheitlicher Risiken	889.17	1,062.19	1,213.13	985.18
	G_6	Gesundheitsrelevante Sozialversicherungen und Verwaltung	8,797.29	8,839.63	8,950.12	9,150.92
	G_7	Dienstleistungen stationärer Einrichtungen	57,338.46	58,285.16	57,424.91	59,237.53
	G_8	Dienstleistungen nicht-stationärer Einrichtungen	57,331.66	60,497.56	61,813.32	65,781.75
	G_9	Sonstige Dienstleistungen des Kernbereichs	6,102.59	6,159.11	6,754.33	7,173.42
EGW	G_10	Dienstleistungen der privaten Haushalte	338.00	347.00	353.50	362.44
	G_11	Biologische und funktionelle Lebensmittel	2,498.56	2,685.83	3,473.47	3,275.45
	G_12	Sonstige Gesundheitswaren des Erweiterten Bereichs	4,597.73	4,260.52	4,391.29	4,501.84
	G_13	Dienstleistungen für Sport, Fitness und Wellness	5,103.60	5,525.67	6,203.99	6,170.91
	G_14	Sonstige Gesundheitsdienstleistungen des Erweiterten Bereichs	33,361.34	33,202.26	35,438.70	37,959.85
		Gesamt KGW	**157,316.53**	**162,768.01**	**164,776.75**	**171,468.77**
		Gesamt EGW	**45,899.23**	**46,021.28**	**49,860.93**	**52,270.49**

Es wird deutlich, dass in allen Gütergruppen zum Teil deutliche Wertschöpfungssteigerungen zu verzeichnen sind. Die größte Wertschöpfung wird durch die Dienstleistungen stationärer und nicht-stationärer Einrichtungen erwirtschaftet. Zusammen werden in diesen beiden Gütergruppen fast 125 Mrd. Euro und somit mehr als 2/3 der Bruttowertschöpfung des Kernbereichs der Gesundheitswirtschaft erbracht. Als dritte bedeutende Gütergruppe lassen sich die sonstigen Gesundheitsdienstleistungen im Erweiterten Bereich festhalten. In dieser Gütergruppe werden im Jahr 2008 fast 38 Mrd. Euro erwirtschaftet.

Nachfolgend sind in analoger Darstellungsweise die identifizierten Beschäftigungseffekte der deutschen Gesundheitswirtschaft über den Betrachtungszeitraum aufgeführt.

Tab. 4: Beschäftigte der deutschen Gesundheitswirtschaft differenziert nach Gütergruppen im Zeitraum von 2005 bis 2008
Quelle: WifOR, Roland Berger, TU Berlin (2011).

			Erwerbstätige in Tsd.			
			2005	**2006**	**2007**	**2008**
KGW	G_1	Pharmazeutische Erzeugnisse	78.00	79.00	80.00	80.00
	G_2	Medizintechnische Geräte	137.00	137.00	137.50	142.00
	G_3	Sonstige Waren des Kernbereichs	2.63	2.42	2.71	2.51
	G_4	Einzelhandelsleistungen des Kernbereichs	328.70	315.40	326.93	330.51
	G_5	Private Versicherungen zur Deckung gesundheitlicher Risiken	17.20	18.00	17.00	15.80
	G_6	Gesundheitsrelevante Sozialversicherungen und Verwaltung	196.18	196.69	195.90	195.96
	G_7	Dienstleistungen stationärer Einrichtungen	1,548.30	1,566.06	1,591.75	1,641.63
	G_8	Dienstleistungen nicht-stationärer Einrichtungen	1,702.95	1,722.67	1,751.90	1,852.94
	G_9	Sonstige Dienstleistungen des Kernbereichs	107.19	105.31	106.66	105.42

			Erwerbstätige in Tsd.			
			2005	2006	2007	2008
EGW	G_10	Dienstleistungen der privaten Haushalte	34.10	34.50	34.95	35.35
	G_11	Biologische und funktionelle Lebensmittel	101.10	102.80	103.48	126.61
	G_12	Sonstige Gesundheitswaren des Erweiterten Bereichs	59.04	54.25	53.97	53.17
	G_13	Dienstleistungen für Sport, Fitness und Wellness	149.65	152.00	157.00	157.00
	G_14	Sonstige Gesundheitsdienstleistungen des Erweiterten Bereichs	852.73	856.07	879.27	854.27
		Gesamt KGW	**4,118.15**	**4,142.55**	**4,210.35**	**4,366.78**
		Gesamt EGW	**1,196.63**	**1,199.61**	**1,228.67**	**1,226.39**

Wie bereits bei den Wertschöpfungseffekten beschrieben, werden die meisten Beschäftigten im Bereich der Dienstleistungen von stationären und nicht-stationären Einrichtungen benötigt. Allein in diesen beiden Gütergruppen sind in Deutschland fast 3,5 Mio. Erwerbstätige beschäftigt. Entgegen der Wertschöpfungseffekte lassen sich hier auch Gütergruppen identifizieren, die in den letzten Jahren Beschäftigungsrückgänge zu verzeichnen hatten (Vgl. Tab. 4, z. B. G_12).

In Abb. 3 ist die ökonomische Bedeutung der Gesundheitswirtschaft in der Rechensystematik der Volkswirtschaftlichen Gesamtrechnungen differenziert nach Aufkommens- und Verwendungsseite für das Jahr 2007 dargestellt. Es wird deutlich, dass im Jahr 2007 Waren und Dienstleistungen der Gesundheitswirtschaft im Gegenwert von 61 Mrd. Euro importiert werden. Im gleichen Jahr bezieht die Gesundheitswirtschaft Vorleistungen aus anderen Wirtschaftsbranchen in Höhe von 144 Mrd. Euro. Verwendungsseitig lässt sich feststellen, dass Waren und Dienstleistungen in der Höhe von 73 Mrd. Euro exportiert werden. Folglich liegt der Handelsbilanzüberschuss bei ca. 12 Mrd. Euro. Die Konsumausgaben betragen ca. 278 Mrd. Euro und die intermediäre Verwendung ca. 42 Mrd. Euro.

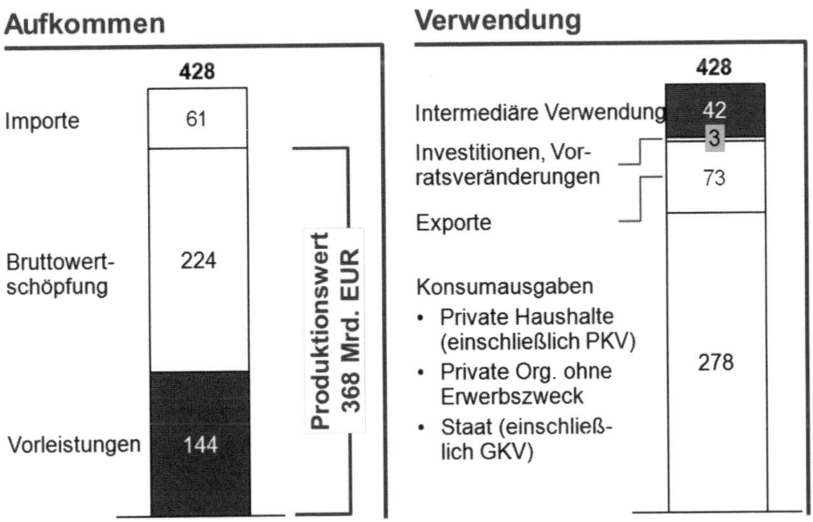

Abb. 3: Aufkommens- und verwendungsseitige Betrachtung der Gesundheitswirtschaft
Quelle: WifOR, Roland Berger, TU Berlin (2011).

Insbesondere die Vorleistungen und die intermediäre Verwendung verdeutlichen die starken Verflechtungen und die Ausstrahleffekte der Gesundheitswirtschaft mit vor- und nachgelagerten Industrien. Um diesen Zusammenhang zu unterstreichen sind in der Abb. 4 die Vorleistungsverflechtungen für das Jahr 2007 nach Gütergruppen dargestellt. Es wird deutlich, dass besonders starke Verflechtungen zu den unternehmensbezogenen Dienstleistungen sowie zu Dienstleistungen des Grundstücks- und Wohnungswesens bestehen.

Trotz dieser positiven Ergebnisse wird die Gesundheitswirtschaft im Gegensatz zu anderen Branchen bis heute nicht als eigenständige Wirtschaftsbranche anerkannt. In der Forst- und Landwirtschaft, im Maschinenbau, in der Automobilbranche, in der Chemieindustrie und im Tourismus werden regelmäßig steigende Umsätze, mehr Beschäftigung, höhere Marktanteile, hohe Exportraten und steigende Gewinne als positiv erachtet und forciert. Steigende Wachstumsraten werden in der breiten Öffentlichkeit in aller Regel positiv wahrgenommen. Nur die Gesundheitswirtschaft wird bisher nicht in diese Beobachtung nur als ein Kostenfaktor eingeschlossen.

Pos.	Gütergruppe	Vorleistungen [EUR Mio.]
1	Unternehmensbezogene DL	19.980
2	DL des Grundstücks- und Wohnungswesens	10.155
3	Pharmazeutische Erzeugnisse	7.496
4	Sonstige Gesundheitsdienstleistungen EGW	6.713
5	Handelsvermittlung und Großhandelsleist.	5.389
6	DL der Kreditinstitute	4.643
7	Nahrungs- und Futtermittel	3.956
8	Medizintechnische Geräte	3.855
9	DL nicht-stationärer Einrichtungen	3.689
10	Chemische Erzeugnisse	3.573
11	Rest	59.650
	Vorleistungen Gesamt	**129.100**

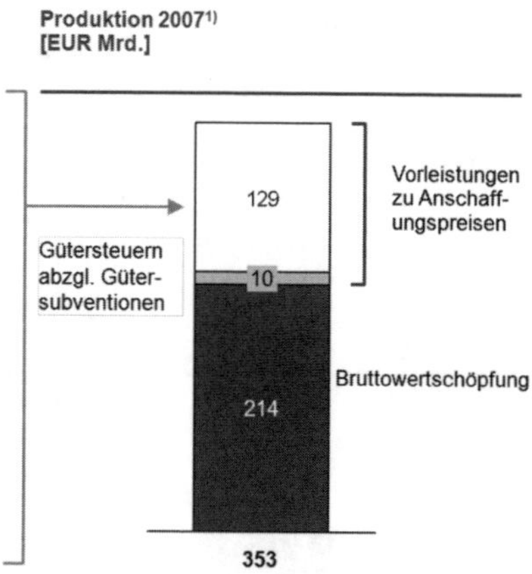

1) Entsprechende Aussagen lassen sich auch für 2008 generieren, valide Daten des Destatis liegen aber nur für 2007 vor

Abb. 4: Vorleistungsverflechtungen der Gesundheitswirtschaft getrennt nach Gütergruppen

Quelle: WifOR, Roland Berger, TU Berlin (2011).

Bei den dargestellten Ergebnissen handelt es sich lediglich um die direkten Wachstums- und Beschäftigungseffekte der Gesundheitswirtschaft. Basierend auf den Vorleistungsverflechtungen lassen sich mit Hilfe von statistischen Berechnungsmethoden darüber hinaus die indirekten und induzierten Effekte der Gesundheitswirtschaft berechnen.

3 Indirekte und induzierte Wachstums- und Beschäftigungseffekte – der zweite Schritt

Die Ausstrahleffekte der deutschen Gesundheitswirtschaft auf die Gesamtwirtschaft werden durch ganz unterschiedliche und vielfältige Einflussfaktoren geprägt. Die schematischen Zusammenhänge zwischen diesen unterschiedlichen ökonomischen Effekten sind in der Abb. 5 dargestellt.

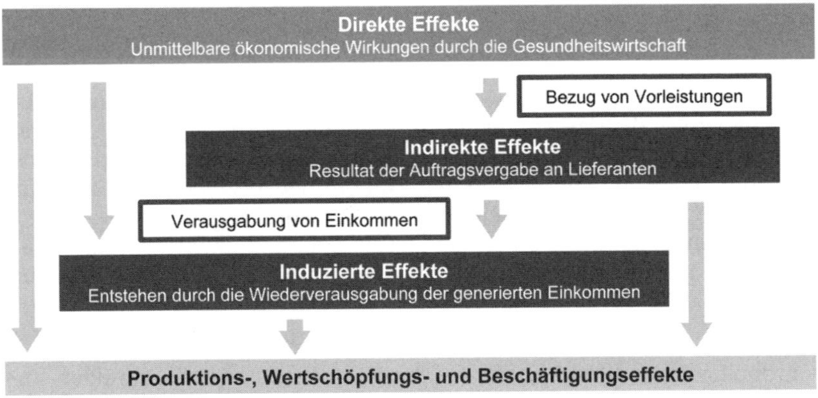

Abb. 5: Kategorisierung der wichtigsten ausgabeninduzierten Nachfrageeffekte
Quelle: eigene Darstellung.

Unter den direkten Effekten werden alle Produktions-, Wertschöpfungs- Einkommens- und Beschäftigungseffekte als ökonomische Wirkungen der Gesundheitswirtschaft verstanden, die sich unmittelbar aus den wirtschaftlichen Prozessen der verschiedenen Akteure der Gesundheitswirtschaft ergeben. Dazu zählen u. a. Investitionen, die beschäftigten Personen, die Arbeitnehmerentgelte sowie die Konsumausgaben für Waren und Dienstleistungen der Gesundheitswirtschaft.

Der ökonomische Nutzen der Gesundheitswirtschaft umfasst aber auch indirekte Produktions-, Einkommens- und Beschäftigungseffekte in den vorgelagerten Wirtschaftsbereichen.[11] D. h. durch die Produktionsleistung der Gesundheitswirtschaft und der damit einhergehenden Nachfrage nach Vorleistungsgütern kommt es in den vorgelagerten Wirtschaftsbereichen auch zu einer Steigerung der Produktion, des Einkommens sowie der Beschäftigung. Auch als Sekundäreffekte bezeichnet, berücksichtigen sie alle aus der Auftragsvergabe bei den Lieferanten von gesundheits-wirtschaftlichen Waren und Dienstleistungen entstehende Produktionseffekte entlang

11 Vgl. Rheinisch-Westfälisches Institut für Wirtschaftsforschung (RWI) (2004): Auswirkungen staatlich geförderter Maßnahmen zu Stadtentwicklung und -erneuerung auf die Haushalte von Bund, Länder und Gemeinden, online unter: http://www.stadtentwicklung.berlin.de/wohnen/denkmalschutz/download/rwi_gutachten_2004.pdf, S. 11.

der gesamten Wertschöpfungskette, die sich indirekt auch in zusätzlichen Arbeitsplätzen und Einkommen niederschlagen.[12]

Analog zu den indirekten ökonomischen Effekten können darüber hinaus noch die induzierten Wirkungen der Einkommen betrachtet werden. Die zusätzlich geschaffenen bzw. gesicherten Löhne und Gehälter, die aus der direkten und indirekten ausgabeninduzierten Produktionsleistung entstehen, werden von den Einkommensbeziehern entweder für die Bildung von Ersparnissen oder für Konsumausgaben verwendet.[13] Diese erneute Verausgabung der geschaffenen Einkommen für Güter und Dienstleistungen stimulieren ihrerseits wiederum die Gesamtwirtschaft.

Um ein fundiertes Abbild der gesamtwirtschaftlichen Bedeutung der Gesundheitswirtschaft zeichnen zu können, müssen also die direkten, die indirekten und die induzierten Wirkungen quantifiziert werden. Die gesamten aus dem Güteraufkommen und der Güterverwendung induzierten Produktions-, Wertschöpfungs-, Einkommens- und Beschäftigungseffekte ergeben sich aus der Addition dieser drei Wirkungskategorien.

Nachfolgend sind die gesamten Ausstrahleffekte der Gesundheitswirtschaft auf die Volkswirtschaft für das Jahr 2007 erstmalig quantifiziert.[14] Bei den Ergebnissen handelt es sich um modellgestützte Berechnungen. Die Ergebnisse beschreiben die Multiplikatoren, die angeben, inwiefern sich eine um ein Euro gesteigerte direkte bzw. unmittelbare Leistung (bezogen auf den Produktionswert, Wertschöpfung, Einkommen bzw. Beschäftigte) auf die entsprechenden gesamtwirtschaftlichen Kenngrößen auswirkt. In Abhängigkeit der zu analysierenden Größe sowie der betrachteten 14 Gütergruppen der Gesundheitswirtschaft variiert die Höhe der berechneten Multiplikatoren teilweise erheblich.

---

12 Vgl. Arbeitsgemeinschaft: Bulwien und Partner GmbH, J.W. Goethe-Universität Frankfurt/Main (Rheinhard Hujer) und TU-Darmstadt (Bert Rürup) (1999): Einkommens- und Beschäftigungseffekte des Flughafens Frankfurt / Main – Status-Quo-Analysen und Szenarien – Teil C: Analyse der Einkommens- und Beschäftigungswirkungen des Flughafens Frankfurt / Main mit Hilfe von Input-Output-Modellen für die Bundesrepublik Deutschland und Hessen; im Auftrag der Mediationsgruppe Flughafen/Main, 1999, S. 212.

13 Vgl. Arbeitsgemeinschaft: Bulwien und Partner GmbH, J.W. Goethe-Universität Frankfurt/Main (Rheinhard Hujer) und TU-Darmstadt (Bert Rürup) (1999): Einkommens- und Beschäftigungseffekte des Flughafens Frankfurt / Main – Status-Quo-Analysen und Szenarien – Teil A: Beschreibung und Analyse der methodischen, luftverkehrlichen und regionalen Grundlagen; im Auftrag der Mediationsgruppe Flughafen/Main, 1999, S. 11.

14 Aufgrund der fortgeschriebenen Daten für das Jahr 2008, wird bei der Ermittlung der indirekten und induzierten Effekte auf das Jahr 2007 abgestellt, wo die notwendigen Primärdaten umfänglich vorliegen.

In der Abb. 6 sind die direkten, die indirekten und die induzierten Wertschöpfungseffekte der Gesundheitswirtschaft dargestellt.

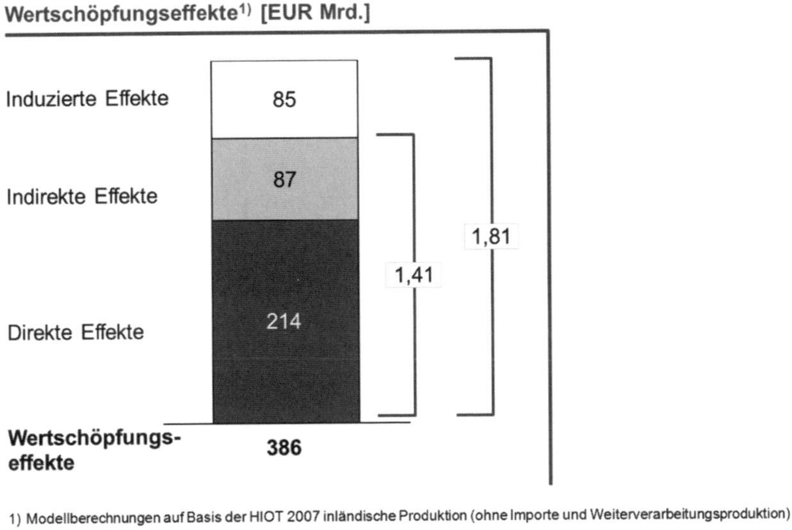

Abb. 6: Direkte, indirekte und induzierte Wertschöpfungseffekte der Gesundheitswirtschaft in Deutschland
Quelle: WifOR, Roland Berger, TU Berlin 2011.

Es zeigt sich, dass durch die gesundheitswirtschaftliche Bruttowertschöpfung in Höhe.von 214 Mrd. Euro im Jahr 2007 weitere indirekte und induzierte Effekte von ca. 172 Mrd. Euro generiert. Folglich wird durch die Gesundheitswirtschaft insgesamt ca. 386 Mrd. Euro zusätzliche Wertschöpfung über die Entstehungsseite geschaffen. Die indirekten Effekte, d. h. die Effekte die durch die Auftragsvergabe an Lieferanten entstehen, belaufen sich auf 87 Mrd. Euro. Die induzierten Effekte, d. h. die durch die Verausgabung der generierten Einkommen in den Vorleistungsbranchen führen noch einmal zu einer Wertschöpfung in Höhe von 85 Mrd. Euro. Somit beträgt der Multiplikator für die indirekten Wertschöpfungseffekte 1,41, d. h. ein Euro Bruttowertschöpfung in der Gesundheitswirtschaft erzeugt 0,41 Euro an indirekter und 0,40 Euro an induzierter Wertschöpfung. Somit kann festgehalten werden, dass durch die Verflechtungen der Gesundheitswirtschaft mit anderen Branchen in Deutschland neben den 214 Mrd. Euro direkten Bruttowertschöpfung zusätzlich 172 Mrd. Euro an indirekter und induzierter Wertschöpfung entstehen.

In der Abb. 7 sind analog die direkten, indirekten und induzierten Beschäftigungseffekte dargestellt.

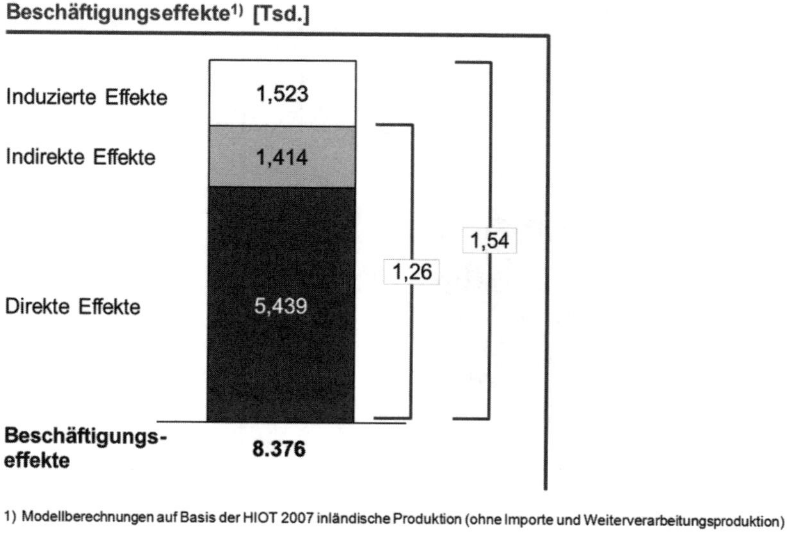

Abb. 7: Direkte, indirekte und induzierte Beschäftigungseffekte der Gesundheitswirtschaft in Deutschland
Quelle: WifOR, Roland Berger, TU Berlin 2011.

Es wird deutlich, dass neben den direkt beschäftigten 5,4 Mio. Erwerbstätigen im Jahr 2007 zusätzlich knapp 3 Mio. weitere Beschäftigungsverhältnisse in den vorgelagerten Industriezweigen sowie den Branchen des privaten Konsums von der Gesundheitswirtschaft abhängen. Folglich sind in Deutschland fast 8,5 Mio. Erwerbstätige direkt, indirekt oder induziert in der so definierten Gesundheitswirtschaft abhängig.

Weiterhin wird ersichtlich, dass die indirekten Beschäftigungseffekte (inkl. der direkten Erwerbstätigen) einen Multiplikatoreffekt von 1,26 generieren; d. h. jeder Arbeitsplatz in der Gesundheitswirtschaft induziert 0,26 Arbeitsplätze in den vorgelagerten Zulieferersektoren. Unter Berücksichtigung der wieder verausgabten Einkommen erhöht sich der Multiplikator sogar auf 1,54. Somit kommt auf zwei Beschäftigte in der Gesundheitswirtschaft ein weiterer indirekt, induzierter Beschäftigter in der restlichen Wirtschaft. Alle berechneten Multiplikatoren der indirekten und induzierten Produktions-, Wertschöpfungs- und Beschäftigungseffekte für die einzelnen Gütergruppen der Gesundheitswirtschaft lassen sich für das Jahr 2007 ebenfalls statistisch ableiten, was aus Raumgründen in diesem Beitrag nicht erfolgt.

4 Diskussion der Ergebnisse: Der Nutzen der Gesundheitswirtschaft

Bei der Erfassung des Wirtschaftsgeschehens eines Landes sind die VGR nach wie vor die Hauptberechnungs- und Darstellungsform. Das Bruttoinlandsprodukt umfasst dabei die Summe aller Güter und Dienstleistungen, die die Bürger eines Landes in einem Jahr produzieren. Dennoch müssen das BIP sowie die Volkswirtschaftlichen Gesamtrechnungen auch kritisch betrachtet werden. So erfassen sie weder Schwarzarbeit, noch Haushaltsproduktion oder etwa ehrenamtliche Tätigkeiten. Des Weiteren werden immer noch zahlreiche Pflegekräfte nicht sozialversicherungspflichtig beschäftigt. Die Zahl der ehrenamtlichen Fachkräfte oder der Familienangehörigen als Pflegekräfte in der Gesundheitswirtschaft ist sehr hoch. Die derzeitigen Berechnungsergebnisse unterschätzen die tatsächliche Betreuung am Patienten daher deutlich. Des Weiteren leistet die Behandlung von Patienten – entsprechend der Rechenlogik – einen positiven Beitrag zur Wertschöpfung in Deutschland, obwohl die Patienten in dieser Behandlungsphase nicht arbeitsfähig sind und während der Arbeitsunfähigkeitstage Wertschöpfungsverluste entstehen. Diese Argumentation wird auch durch die gängige Kritik deutlich, wonach mehr Autounfälle das BIP erhöhen – durch Reparaturaufträge und Behandlung der Verletzten. Dieser Anstieg ist allerdings kein Indiz für einen gesteigerten Wohlstand steigert aber das Sozialprodukt.

Diesem Themenkomplex widmen sich – seit dem Gutachten von Stieglitz im Auftrag der französischen Regierung im Jahr 2008 – nun erneut zahlreiche Ökonomen, um dieses weltweit anerkannte Verfahren zur Quantifizierung der Wirtschaftskraft eines Landes zu verbessern bzw. zu erweitern. So wurde kürzlich in Deutschland eine Enquete-Kommission im deutschen Bundestag einberufen, die sich ausschließlich mit der zukünftigen Rolle von Wachstum, Wohlstand und Lebensqualität in der Gesellschaft auseinandersetzen soll.

Des Weiteren lassen die mit Hilfe der Volkswirtschaftlichen Gesamtrechnungen beschriebenen ökonomischen Kennzahlen keine Rückschlüsse auf den Nutzen oder die Effizienz der Leistungsbereitstellung zu. Walter Krämer schreibt hierzu: „...die VGR ist immer noch der beste Zeuge für die Aktivität einer Wirtschaft, den wir haben; es zeigt, ob und wie stark die Wirtschaft „brummt“. Über den höheren Nutzen dieses Brummens sagt es aber nicht so viel“[15]. Der ökonomische Nutzen der Gesundheits-

15 Vgl. Statistik für die Westentasche, 2002, S. 23 ff.

wirtschaft für Wachstum und Beschäftigung und den Export[16] sagt nichts über den Wert der Gesundheitswirtschaft für die Gesundheit und die Lebensqualität einer Bevölkerung aus. Eine reine Betrachtung des Wachstums erscheint somit utilitaristisch und zu wenig auf das eigentliche Ziel und Ergebnis des Gesundheitswesensausgerichtet. Die ökonomische Dividende der Gesundheitswirtschaft ist durch das Satellitenkonto, die indirekten und induzierten Effekte gut erfasst. Aber wie lässt sich die „Gesundheitsdividende" der Gesundheitswirtschaft messen oder berechnen? Für die Bestimmung des gesundheitlichen Wertes der Gesundheitswirtschaft gewinnt die Gesundheitsfolgenabschätzung an Bedeutung. Mit ihrer Hilfe können Rückschlüsse der ökonomischen Bedeutung der Gesundheitswirtschaft auf die Lebenserwartung und/oder die Lebensqualität der Menschen und Patienten ermittelt werden.

5 Fazit

5.1 Von der „Leid"-branche zur „Leit"-branche

Als neue Querschnittsbranche – mit der Branchenverflechtung über den Vorleistungsbezug und die Lieferung von Zwischenprodukten an andere Sektoren – ist die Gesundheitswirtschaft mehr als nur eine Dienstleistungsbranche. Sie zeichnet sich durch ihre Stabilität in (Euro-) Krisenzeiten aus. Die Exportinitiative Gesundheitswirtschaft des Bundesministeriums für Wirtschaft und Technologie ist ein weiterer Beweis für die neue Bedeutung der Gesundheitswirtschaft als Zukunftsbranche und als Teil der Industriepolitik. Der Stellenwert der Gesundheitswirtschaft als Wachstums- und Beschäftigungsmotor in Deutschland nimmt weiter zu.

Zahlreiche Daten des Gesundheitssatellitenkontos lassen sich – auf Grund ihrer einheitlichen Berechnungsstruktur – über die Branchen hinweg vergleichen. In der nachfolgenden Abb. 8 sind z. B. verschiedene Branchencluster und die darin sozialversicherungspflichtig Beschäftigten dargestellt.

16 Vgl. Bundesministerium für Wirtschaft und Technologie, BMWi (2011): Exportinitiative Gesundheitswirtschaft, Berlin, Juli 2011.

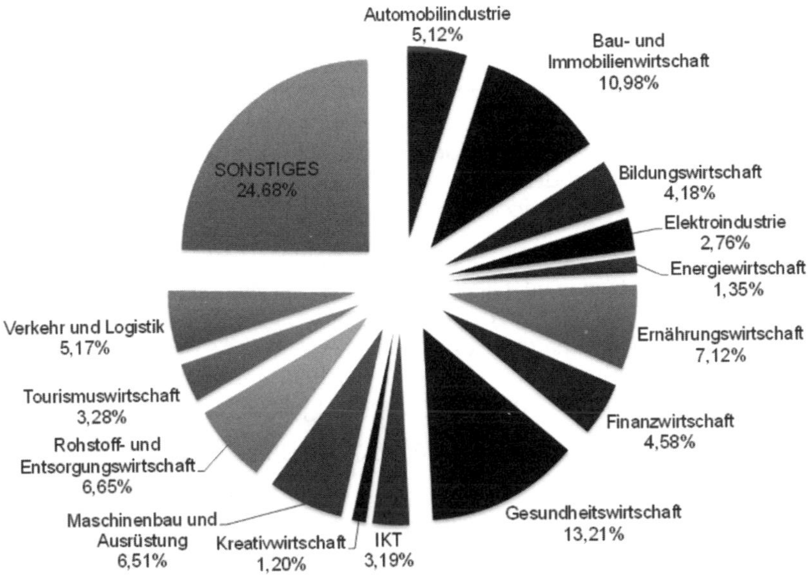

Abb. 8: Branchenaufteilung der sozialversicherungspflichtig Beschäftigten im Jahr 2009

Quelle: WifOR, 2011.

Die Abbildung unterstreicht eindrucksvoll die Bedeutung der Gesundheitswirtschaft für den Arbeitsmarkt. So ist die Gesundheitswirtschaft mit fast 14 % der sozialversicherungspflichtig Beschäftigten das mit Abstand größte Branchencluster, gefolgt von der Bau- und Immobilienwirtschaft und der Ernährungswirtschaft.

Derartige Gegenüberstellungen von Branchen werden sicherlich die wirtschafts-, wettbewerbs- und industriepolitische Diskussion beeinflussen. Die Gesundheitswirtschaftspolitik wird zu einem Teil der Wirtschaftspolitik. Folglich ist zu erwarten, dass die Gesundheitswirtschaft vom Kostenfaktor zunehmend zur wachstums- und beschäftigungspolitischen Leitbranche wird, die durch Innovationskraft und wirtschaftliche Verflechtungen zu einem dauerhaften Stabilisator der deutschen Volkswirtschaft wird.

Literatur

Arbeitsgemeinschaft: Bulwien und Partner GmbH, J.W. Goethe-Universität Frankfurt/Main (Rheinhard Hujer) und TU-Darmstadt (Bert Rürup) (1999): Einkommens- und Beschäftigungseffekte des Flughafens Frankfurt/Main – Status-Quo-Analysen und Szenarien – Teil C: Analyse der Einkommens- und Beschäftigungswirkungen des Flughafens Frankfurt/Main mit Hilfe von Input-Output-Modellen für die Bundesrepublik Deutschland und Hessen; im Auftrag der Mediationsgruppe Flughafen/Main, 1999.

Arbeitsgemeinschaft: Bulwien und Partner GmbH, J.W. Goethe-Universität Frankfurt/Main (Rheinhard Hujer) und TU-Darmstadt (Bert Rürup) (1999): Einkommens- und Beschäftigungseffekte des Flughafens Frankfurt/Main – Status-Quo-Analysen und Szenarien – Teil A: Beschreibung und Analyse der methodischen, luftverkehrlichen und regionalen Grundlagen; im Auftrag der Mediationsgruppe Flughafen/Main, 1999.

Breyer, F./Zweifel, P./Kifmann, M. (2004): Gesundheitsökonomik, Springer-Verlag, Berlin.

Bundesministerium für Wirtschaft und Technologie, BMWi (2011): Exportinitiative Gesundheitswirtschaft, Berlin, Juli 2011.

Deutschen Industriebank (IKB); Prognos (2007): Die Gesundheitsbranche: Dynamisches Wachstum im Spannungsfeld von Innovation und Intervention.

Frauenhofer Institut für Systemtechnik und Innovationsforschung (2009): Innovation für mehr Gesundheit, MetaForum „Innovation im Gesundheitswesen" 2007 – 2009, Karlsruhe.

Henke, K.-D./Cobbers, B./Georgi, A./Schreyögg, J., 2. Aufl., (2006): Die Berliner Gesundheitswirtschaft – Perspektiven für Wachstum und Beschäftigung, Berlin.

Henke, K.-D./Ehrhard, T. (2011): Beschäftigungsentwicklung in der Gesundheitswirtschaft. In: Lohmann, H./Preusker, U. (Hrsg.), Zukunft Gesundheitswirtschaft, Mitarbeiter händeringend gesucht: Personalkonzepte sichern Überleben, Heidelberg, S. 1 – 17.

Henke, K.-D., Troppens, S. (2010): Von der qualitativen zur quantitativen Erfassung der Gesundheitswirtschaft, in: Fachinger, U./Henke, K.-D. (Hrsg.): Der private Haushalt als Gesundheitsstandort, Baden-Baden, S. 207 – 229.

Henke, K.-D. (2008): Von der quantitativen zur qualitativen Erfassung der Gesundheitswirtschaft, in: Statistisches Bundesamt (Hrsg.): 17. Wissenschaftliches Kolloquium 2008. Gesundheit be(ob)achten – Nutzung, Integration und Ergänzung vorhandener Datenquellen.

Henke, K.-D./Martin, K. (2008): Gesundheitsökonomische Szenarien zur Prävention, NOMOS, Baden-Baden.

Henke, K.-D., Martin, K. (2009): Health as a Driving Economic Force, in: Kickbusch, I. (Hrsg.): Policy Innovation for Health, Springer, Berlin.

Henke, K.-D./Braeseke, G. (2011): Volkswirtschaftliche Bedeutung der Gesundheitswirtschaft – Innovationen, Branchenverflechtung, Arbeitsmarkt, NOMOS, Band 33, Baden-Baden.

Henke, K.-D./Neumann, K./Schneider, M. et. al. (2010): Erstellung eines Satellitenkontos für die Gesundheitswirtschaft in Deutschland, NOMOS, Baden-Baden.

Hornschild, K./Raab, S./Weiss, J. P./Wilkens, M./Henke, K. D. (2005): Die Medizintechnik am Standort Deutschland – Chancen und Risiken durch technologische Innovationen, Auswirkungen auf und durch das nationale Gesundheitssystem sowie potenzielle Wachstumsmärkte im Ausland, Forschungsprojekt im Auftrag des Bundesministeriums für Wirtschaft und Arbeit, DIW: Politikberatung kompakt 10, Berlin.

Karte, J./Neumann K./Kainzinger, F./Henke, K.-D. (2007): Innovation und Wachstum im Gesundheitswesen, Roland Berger View, Berlin.

Lohmann, H./Wehkamp, K.-H. (Hrsg.) (2004): Innovationsfaktor Gesundheitswirtschaft: Die Branche mit Zukunft, Reihe „Vision Gesundheit", Band 5, Wegscheid.

Nefiodow, L. A. (1999): Der sechste Kondratieff. Wege zur Produktivität und Vollbeschäftigung im Zeitalter der Information, Sankt Augustin Rhein-Sieg-Verlag, Bonn.

Nefiodow, L. A. (1998): Der sechste Kondratieff. Die großen neuen Märkte des 21. Jahrhunderts, in: Nefiodow, L. A./Thomas, H. (Hrsg.): Kondratieffs Zyklen der Wirtschaft, Herford.

Oberender, P; Zerth, J. (2006): Wachstumsmarkt Gesundheit – Ist das deutsche Gesundheitssystem im internationalen Vergleich noch zukunftsfähig, in: Empter, S./Vehrkamp, R. B. (Hrsg.): Wirtschaftsstandort Deutschland, S. 409 – 430, Verlag für Sozialwissenschaften, Wiesbaden.

Oberender, P. (2006): Gesundheitswirtschaft als Wachstumsmotor des 21. Jahrhunderts, Vortrag Deutscher Krankenhaustag – Frühjahrsforum, am 10. Mai 2006, Berlin.

Ostwald, D. A. (2008): Wachstums- und Beschäftigungseffekte der Gesundheitswirtschaft in Deutschland, Dissertation, MWV Verlag, Berlin.

Ostwald, D. A./Ranscht, A. (2007a): Der Wertschöpfungsansatz: Eine kritische Betrachtung der deutschen Gesundheitswirtschaft, Sozialer Fortschritt 11/07, Duncker und Humblot, Berlin.

Ostwald, D. A./Ranscht, A. (2007b): Gesundheitswirtschaft: Doch kein Wachstumsmotor? kma – Das Magazin für die Gesundheitswirtschaft 11/07, WIKOM GmbH, Wegscheid.

Ostwald, D. A./Ranscht, A., (2007c): Wachstums- und Beschäftigungspotenziale der Gesundheitswirtschaft in Berlin-Brandenburg, Berlin.

Ostwald, D. A./Ranscht, A. (2009): Wachstumsmotor in der Metropolregion Rhein-Main, Wirtschaftsbild – Gesundheitsregion Rhein-Main 04/09, Union Betriebs-GmbH, Rheinbach.

Ranscht, A. (2009): Quantifizierung regionaler Wachstums- und Beschäftigungseffekte der Gesundheitswirtschaft – am Beispiel ausgewählter Metropolregionen, Dissertation, MWV Verlag, Berlin.

Ranscht, A./Ostwald, D. A. (2006): Potenziale der Gesundheitswirtschaft in der Rhein-Main-Region, Frankfurt.

Rheinisch-Westfälisches Institut für Wirtschaftsforschung (RWI) (2004): Auswirkungen staatlich geförderter Maßnahmen zu Stadtentwicklung und -erneuerung auf die Haushalte von Bund, Länder und Gemeinden, online unter: http://www.stadtentwicklung.berlin.de/wohnen/denkmalschutz/download/rwi_gutachten_2004.pdf.

Sachverständigenrat zur Begutachtung der Entwicklung im Gesundheitswesen (früher: Sachverständigenrat für die Konzertierte Aktion im Gesundheitswesen) (1997): Sondergutachten 1997, Gesundheitswesen in Deutschland – Kostenfaktor und Zukunftsbranche, Band II, Fortschritt und Wachstumsmärkte, Finanzierung und Vergütung, Baden-Baden.

Schwartz, F. W./Busse, R. (1998): Denken in Zusammenhängen: Gesundheitssystemforschung, in: Schwartz, F.W./Badura, B./Leidl, R./Raspe, H./Siegrist, J. (Hrsg.): Das Public Health Buch: Gesundheit und Gesundheitswesen, S. 385 – 411, Urban & Schwarzenberg, München-Wien-Baltimore.

Der Ordnungsrahmen einer Gesundheitswirtschaftspolitik

Univ.-Prof. Dr. Günter Neubauer

Abstract: Die deutsche Gesundheitsversorgung befindet sich in einem Übergang von der Sozialversicherung zur Gesundheitswirtschaft. Damit wird die Effizienz der Leistungserstellung so wichtig wie die bedarfsgerechte Leistungsverteilung, die bei der Sozialversicherung im Mittelpunkt steht. Für eine effiziente Leistungserstellung ist ein neuer Ordnungsrahmen zu entwickeln. Hier halten wir die Konzeption der Sozialen Marktwirtschaft für ein Vorbild, das es mit gewissen Besonderheiten anzustreben gilt. Das Grundprinzip der Sozialen Marktwirtschaft lautet, dass zunächst ein Ordnungsrahmen zu schaffen ist, der eine effiziente Leistungserstellung gewährleistet, und dann erst die bedarfsgerechte Verteilung der erstellten Leistungen durch eine staatliche Sozialpolitik angestrebt werden soll. Für die Effizienz sind die Prinzipien Privateigentum, Vertragsfreiheit und eine Wettbewerbsordnung Voraussetzung. Zur Steuerung wiederum sind ein flexibles Preissystem, offene Märkte und Preis-/Leistungstransparenz für die Nachfrager essentiell.

1 Von der Sozialversicherung zur Gesundheitswirtschaft[1]

Die deutsche Gesundheitsversorgung wird nach wie vor in der Öffentlichkeit vor allem als ein Zweig der Sozialversicherung verstanden, der unter dem Gebot der Umverteilung und der staatlichen Regulierung steht. Schließlich wurde die gesetzliche Krankenversicherung als erster Zweig der Sozialversicherung bereits 1881 begründet. Vergessen wird aber, dass damals nur etwa 20 Prozent der Bevölkerung in der gesetzlichen Krankenversicherung eingeschlossen waren, während es heute

1 Vgl. Neubauer: Von der Sozialversicherung zur Gesundheitswirtschaft. In: Adam, H. u. a. (Hrsg.): Öffentliche Finanzen und Gesundheitsökonomie (Festschrift Henke) 2007. Baden-Baden 2007, S. 200 – 211.

90 Prozent sind, bzw. nahezu 100 Prozent, wenn wir die private Krankenversicherung und die staatlichen Unterstützungssysteme wie die Beihilfe einbeziehen.

Nun hat sich aber die Krankenversicherung über die letzten 100 Jahre mehr und mehr zu einem Bereich entwickelt, bei dem nicht mehr die Einkommensleistungen wie das Krankengeld im Mittelpunkt stehen, wie das bei der Rentenversicherung oder Arbeitslosenversicherung nach wie vor der Fall ist, sondern die Versorgung der Bevölkerung mit Leistungen, genauer Gesundheitsleistungen. Damit rückt automatisch die Frage der Erstellung der Gesundheitsleistungen in den Mittelpunkt, denn nur erstellte Leistungen können auch verteilt werden. Zunehmend wird erkannt, dass eine **effiziente Leistungserstellung** mindestens gleichgewichtig neben einer gerechten Verteilung der Leistungen stehen muss, ja man sollte der effizienten Leistungserstellung Priorität einräumen, da ein höheres Leistungsvolumen auch einen höheren Umfang an Verteilung und Verteilungsgerechtigkeit erlauben.

Heute können wir feststellen, dass in der Diskussion der Gesundheitsversorgung mehr und mehr die Frage der effizienten Leistungserstellung thematisiert und die Verteilung dieser Leistungen zumindest nicht mehr allein zum Ziel erklärt wird. Sollen aber Leistungen, insbesondere Dienstleistungen, effizient erstellt werden, so ist es erforderlich, diesem Leistungs- oder auch Marktbereich einen **Ordnungsrahmen vorzugeben**, der eine effiziente Leistungserstellung auch erlaubt, bzw. anregt. Damit kommen wir zur Frage der grundsätzlichen Steuerung, bzw. zur Frage welchen Ordnungsrahmen der Staat für die Leistungserstellung vorgeben soll, damit er sein Ziel einer hochwertigen und bedarfsgerechten Verteilung der Leistungen auch erfüllen kann.

Im Weiteren werden wir also der Frage nachgehen, welchen Ordnungsrahmen wir den Gesundheitsbetrieben zu geben haben, damit eine effiziente Leistungserstellung nicht nur gewährleistet, sondern immer wieder neu angeregt wird. Und so stoßen wir auf eine Reihe von grundsätzlichen Fragen, die für die Wirtschaft allgemein zu beantworten sind.

2 Grundsätzliche Ordnungstypen für die Gesundheitsversorgung

Im Wesentlichen stehen drei große **ordnungspolitische Leitbilder** für die Gesundheitsversorgung zur Verfügung[2]:

2 Vgl. Neubauer/Birkner: Alternativen der Organisation und Steuerung des Gesundheitswesens. In: Neubauer, G. (Hrsg.): Alternativen der Steuerung des Gesundheitswesens. Schriftenreihe Beiträge zur Gesundheitsökonomie der Robert Bosch Stiftung GmbH:, Band 13. Gerlingen 1984, S. 13 – 72.

Das ist zum einen die marktwirtschaftliche Ordnung, die durch eine gezielte Umverteilung durch den Staat zur Sozialen Marktwirtschaft wird. Zweitens, die staatlich gelenkte bzw. regulierte Gesundheitsversorgung, bei der schon bei der Leistungserstellung die Verteilung bzw. die Zugänglichkeit der Leistungen eine große Rolle spielt. Mit anderen Worten werden hier bereits die Leistungsersteller so reguliert, dass das Verteilungsziel, das der Staat gesetzt hat, erfüllt wird. Und schließlich drittens, die sich selbstverwaltende, wettbewerblich orientierte Gesundheitsversorgung, für die aber immer noch der Staat letzten Endes weitgehende Vorgaben macht. Wir wollen diese drei Typen nur kurz skizzieren, weil die Fragen zumindest in der Theorie weitgehend ausdiskutiert sind.

2.1 Marktwirtschaftliche Steuerung

Die marktwirtschaftliche Steuerung der Gesundheitswirtschaft stößt auf eine Reihe von Problemen, die allerdings aus unserer Sicht insbesondere in der heutigen Zeit weitgehend ausgeräumt werden können. So ist sowohl der Preiswettbewerb zwischen den Leistungserstellern ebenso möglich, wie die Leistungstransparenz für die Verbraucher heute in einem Umfange zur Verfügung gestellt werden kann, wie das bis vor kurzer Zeit nicht vorstellbar war. Schließlich ist dann, wenn der Staat den Zugang zu den Leistungen entsprechend gestaltet, eine bedarfsgerechte Verteilung in einem marktwirtschaftlichen System durchaus möglich. Von daher also halten wir eine marktwirtschaftliche Steuerung mit sozialen Auflagen für den Gesundheitssektor für real umsetzbar, gehen aber davon aus, dass dieser Ordnungstyp für Deutschland in absehbarer Zeit aus politischen Gründen allenfalls als eine langfristige Ziellösung gelten kann[3].

2.2 Staatliche Regulierung

Die staatlich regulierte Leistungserstellung ist vor allen Dingen in Form der staatlichen Gesundheitsdienste in vielen Ländern der EU umgesetzt. Was wir beobachten können ist, dass eine effiziente Leistungserstellung in staatlich regulierten Systemen nur sehr bedingt möglich ist. Im Ergebnis kann der Staat nur weniger Leistungen verteilen, als in einem unter Wettbewerbsdruck stehenden Gesundheitssystem. Von daher sind staat-

3 Vgl. Neubauer: Zukunft der GKV: Herausforderungen und Reformoptionen. In: Neubauer, G. (Hrsg.): Ein Viertel Jahrhundert Gesundheitsökonomie und Gesundheitspolitik (Sammelschrift). München 2006, S. 47 – 56.

lich regulierte Systeme, in denen die Leistungserbringung quasi verstaatlicht ist, aus unserer Sicht wenig hilfreich.

2.3 Gemeinsame Selbstverwaltung[4]

Die in Deutschland derzeit stattfindende Diskussion fokussiert sich darauf, wie weit in der gemeinsamen Selbstverwaltung der gesetzlichen Krankenversorgung das Prinzip des Wettbewerbs umgesetzt werden kann und muss, und inwieweit dieses in Konflikt mit der Umverteilungsaufgabe des Staates steht. Hier geht Deutschland einen eigenen Weg, der in Europa, allenfalls noch in der Schweiz und Holland, Ähnlichkeiten findet. Leitgedanke der derzeitigen Gesundheitspolitik in Deutschland ist, dass der Wettbewerb auch in einem staatlich regulierten Gesamtsystem die Effizienz vorantreiben kann. Wir wollen im Weiteren prüfen, inwieweit sich aus diesem heute vorzufindenden Ordnungsrahmen auch für eine Gesundheitswirtschaft ein angemessener Ordnungsrahmen ableiten lässt.

3 Wettbewerbliche, sozial gebundene Gesundheitswirtschafts-Ordnungspolitik

Wie wir schon oben kurz angeführt haben, ist für eine effiziente Leistungserstellung der **Wettbewerb der unabdingbare Motor**. Wettbewerb aber wiederum verlangt einige Voraussetzungen, die erfüllt sein müssen, damit dieser auch die Erwartungen erfüllen kann. Hier können wir uns an das Konzept der Sozialen Marktwirtschaft anlehnen, das von Wirtschaftstheoretikern der Nachkriegszeit vor allen Dingen in Deutschland erarbeitet worden ist.

Gemäß dieser Denkschule sind **konstituierende und regulierende Prinzipien** einer Wirtschaftsordnung zu unterscheiden.[5] Die konstituierenden Prinzipien sind Voraussetzung dafür, dass eine Wettbewerbswirtschaft überhaupt etabliert werden kann. Die regulierenden Prinzipien hingegen sind die Grundsätze, nach denen dann im Rahmen der konstituierenden Prinzipien die Prozesse gesteuert werden. Schließlich gehört auch zu dem Konzept als eine siebte Säule das ausgleichende Sozialprin-

4 Vgl. Neubauer, G./Rebscher, H.: Gemeinsame Selbstverwaltung. Eine Ordnungspolitische Alternative für die Gesundheitsversorgung. Spardorf 1984, S. 4 ff.

5 Vgl. Neubauer, G.: Grundzüge der Volkswirtschaftslehre. 4. Auflage. Bayreuth 2004, S. 24 ff.

zip. Nach ihm hat der Staat an die marktschwachen Marktteilnehmer so viel Kaufkraft zu transferieren, dass sie an der Versorgung teilhaben können, wie es die Gesellschaft insgesamt für jedermann verlangt. Wir haben die Prinzipien in dem nachfolgenden Bild skizziert.

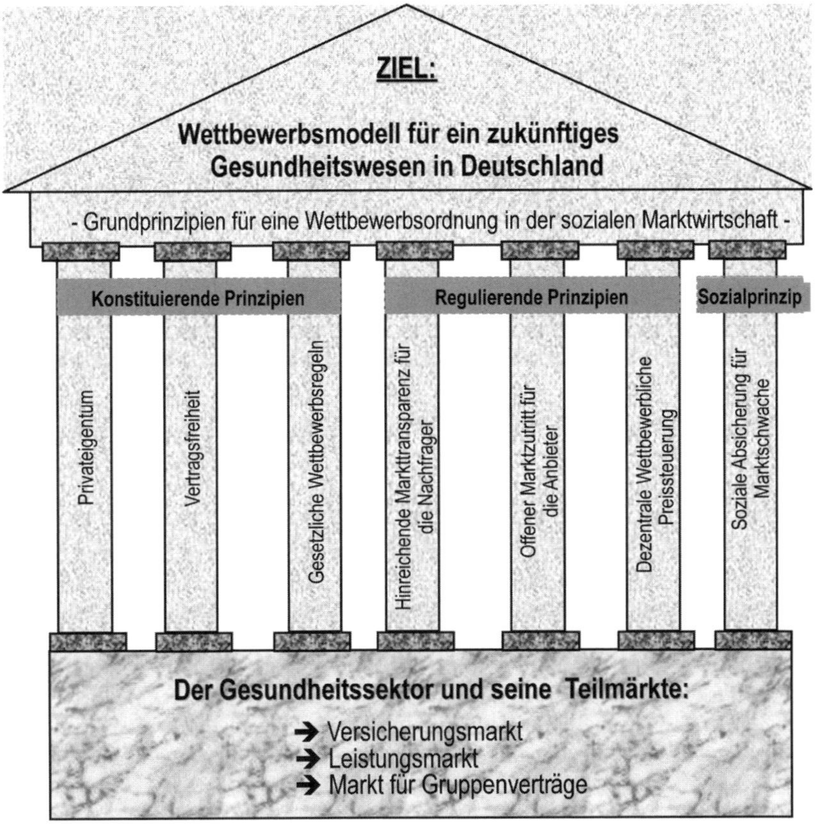

Abb. 1: Grundprinzipien für eine Wettbewerbsordnung in der Sozialen Marktwirtschaft

Quelle: Neubauer/Knappe: Grundmodell für die wettbewerbliche Ausgestaltung des Gesundheitswesens. In: Vereinigung der Bayerischen Wirtschaft e. V. (Hrsg.): Wettbewerb im Gesundheitswesen. 2008, S. 17.

Diese sieben Prinzipien sind nun auch auf die Teilmärkte der Gesundheitsversorgung, das sind der Versicherungsmarkt, der Leistungsmarkt und der Markt für Gruppenverträge. Alle drei Teilmärkte sind eng miteinander verknüpft. Im Weiteren werden wir diese drei Teilmärkte nur gelegentlich ansprechen, aber nicht im Weiteren hier darstellen. Der Verfasser hat sich hierzu an anderer Stelle ausführlich geäußert.[6]

3.1 Konstituierende Prinzipien einer Wettbewerbswirtschaft[7]

3.1.1 Privateigentum

An erster Stelle ist in einer Wettbewerbswirtschaft das Privateigentum als konstituierendes Prinzip zu nennen. Privateigentum bedingt, dass die jeweiligen Betriebsführer bzw. Unternehmer mit ihrem Eigentum haften. Auf der anderen Seite erlaubt Privateigentum freie Entscheidungen und auch rasche Entscheidungen über jeweilige Marktsituationen. Im Wesentlichen drückt sich Privateigentum auch in der autonomen Investitionsplanung und Investitionsfinanzierung aus. Privateigentümer sind aber nicht nur gewinnorientierte Unternehmen, sondern gleichermaßen zählen zu ihnen auch frei-gemeinnützige Betriebe oder private Stiftungen.

Für die Gesundheitsversorgung bedeutet das, dass im Bereich der Krankenversicherung die Gesetzlichen Krankenkassen von Körperschaften des Öffentlichen Rechts in selbstständige und **selbst verantwortliche Unternehmen** des privaten Rechts umzuwandeln wären.[8]

Für die Leistungsanbieter beinhaltet Privateigentum eigenverantwortliches Handeln mit dem Risiko des Eigentumsverlustes. Die Betriebsformen sind rechtlich wie betriebswirtschaftlich frei wählbar. Auch hier gilt, dass nicht nur gewinnorientierte, sondern auch gemeinnützige Betriebe, wie sie mit Stiftungen oder auch karikativen Häusern verbunden werden, möglich sind. Auch der Freiberufler hat Platz in einem solchen System. Allerdings wird keinem einzelnen Betriebstyp ein Vorrang eingeräumt, sondern verschiedene Betriebstypen konkurrieren miteinander. Freilich setzt dies voraus, dass die einzelnen Eigentümer im Rahmen der Investitionen frei entscheiden können. Letzteres ist aber wiederum nur möglich, wenn die Vergütung die Investitionskosten einschließt. Eine

6 Vgl. Neubauer, G. (Hrsg.): Ein Jahrzehnt Gesundheitsökonomie und Gesundheitspolitik, Band II (Sammelschrift). München 2011, S. 9 – 13.

7 Vgl. Neubauer/Knappe: Grundmodell für die wettbewerbliche Ausgestaltung des Gesundheitswesens. In: Vereinigung der Bayerischen Wirtschaft e. V. (Hrsg.): Wettbewerb im Gesundheitswesen. Handlungsleitlinien für eine zukunftsfähige Krankenversicherung. München 2008, S. 16 – 25.

8 Vgl. Rebscher: Von der Krankenkasse zum Unternehmen Gesundheit. In: Rebscher (Hrsg.): Gesundheitsökonomik und Gesundheitspolitik (Festschrift Neubauer 2006), Heidelberg 2006, S. 853 – 867.

duale Finanzierung, wie wir sie heute vor allen Dingen im Krankenhausbereich kennen, ist letztlich mit Privateigentum nicht vereinbar.

3.1.2 Vertragsfreiheit

Als zweites konstituierendes Prinzip gilt die Vertragsfreiheit. Der Vertragsfreiheit muss prinzipiell Vorrang vor staatlichen Regulierungen eingeräumt werden. Vertragsfreiheit bedeutet, dass, von Notsituationen abgesehen, keine Annahme- oder Lieferpflicht für bestimmte Produkte oder Leistungen besteht.

Für die Krankenkassen bedeutet dies, dass sie zwar einerseits ein bestimmtes Versicherungsangebot erbringen müssen, und andererseits Versicherungspflichtige auch gegen entsprechendes Entgelt in diesen Versicherungsschutz aufnehmen müssen. Es ist also eine Kontrahierungspflicht für die einzelnen Kassen vorzuschreiben. Doch sind die Krankenversicherungen frei, weitere Produkte zu entwickeln und an die Versicherten zu verkaufen. Hier ist die Forderung in Deutschland nahezu erfüllt.

Für die Leistungserbringer bedeutet Vertragsfreiheit, dass sie, wie schon oben angesprochen, außer im Notfall, Patienten nicht generell behandeln müssen. Es sei denn, sie haben sich in Form von Rahmenverträgen dazu verpflichtet. Freiwillige Verträge sind immer auch ein Zeichen dafür, dass beide Seiten solche Verträge als vorteilhaft einschätzen. Es liegt also eine klassische Win-Win-Situation vor, da sonst zumindest eine Seite keinen solchen Vertrag abschließen würde. Sind Verträge freiwillig geschlossen, dann sind sie selbstverständlich auch einzuhalten. Damit liegt das derzeitige Kassenrecht zusammen mit der **kollektiven Vertragspflicht** im Konflikt mit dem Prinzip der Vertragsfreiheit. Lediglich individuelle Verträge, oder auch Selektivverträge wären zulässig. Nun wissen wir auch, dass aus heutiger Sicht Vertragsfreiheit in der GKV als nicht realitätsnah einzuschätzen ist. Trotzdem sollte die Entwicklungslinie vorgegeben werden, in welche Richtung das System weiterzuentwickeln ist.

3.1.3 Vorrang für das Wettbewerbsrecht

Ein drittes konstituierendes Prinzip sind gesetzliche Wettbewerbsregeln. Eine Wettbewerbsbehörde, d. h. das Kartellamt, hat die Aufgabe, die Akteure auf die Einhaltung der Wettbewerbsregeln zu überwachen. Das bedeutet aber, dass Wettbewerbsregeln für alle Akteure gelten und letztlich vor ordentlichen Gerichten auch eingeklagt werden können. Die Wettbewerbsbehörde hat grundsätzlich die Aufgabe dafür zu sorgen, dass keine Ausbeutungssituationen entstehen. Dies gilt sowohl auf Seiten der Krankenversicherungen, wie auf Seiten der verschiedenen Leistungserbringer. Im Extremfall hat das Kartellamt nicht nur das Recht **Fusionen zu verbieten**, sondern auch die Pflicht Entflechtungen einzuleiten.

Im Bereich der Krankenversicherung sind einige Kassen bereits in die Nähe von marktmächtigen Positionen gekommen. Dabei bleibt es immer eine strittige Frage, welche Abgrenzung die jeweiligen Märkte erfahren. Die Marktabgrenzung spielt insbesondere bei den Gesundheitsdienstleistungen eine Rolle. Hier muss schließlich berücksichtigt werden, in welchem Umfange die Patienten bereit sind sich zu anderen Leistungserbringern zu bewegen und in welchem Umfange vor Ort auch konkurrierende Leistungsangebote verfügbar sein sollen. Hier befinden wir uns ein einer Diskussion, die in der gesamten Wirtschaft immer wieder geführt wird.

Zusammenfassend stellen wir fest: Es kommt darauf an, die Umstellung vom Sozial- auf das Wettbewerbsrecht weiter voran zu bringen. Es geht darum, unter Berücksichtigung patientenrechtlicher Bestimmungen marktmächtige Stellungen einzelner Marktteilnehmer zu vermeiden. Für die versicherten Patienten muss dagegen die Anwendung des Sozialrechts in angemessener Weise weiterhin Beachtung finden. Wir werden später hierauf noch näher eingehen.

3.2. Regulierende Prinzipien einer Wettbewerbswirtschaft

3.2.1 Wettbewerbspreise

Bei den regulierenden Prinzipien geht es im Wesentlichen um die Prozesssteuerung. An erster Stelle sind in einer Wettbewerbswirtschaft die Wettbewerbspreise die Steuerungsgröße. Für definierte Leistungseinheiten muss es Preise geben. Diese müssen im Durchschnitt kostendeckend sein und das Budget der Nachfrager auch belasten. **Marktschwache Nachfrager** sollten aus sozialen Gründen durch **monetäre Transfers** direkt unterstützt und mit entsprechender Kaufkraft ausgestattet werden. Eine solche dezentrale wettbewerbliche Preissteuerung ist im deutschen Gesundheitswesen derzeit jedoch die Ausnahme. In nahezu allen Teilmärkten herrschen einheitliche, staatlich regulierte Entgeltverfahren vor.[9]

9 Vgl. Neubauer/Pfister: Preisbildung bei ambulant und stationär erbrachten Leistungen. In: Ein Jahrzehnt Gesundheitsökonomik und Gesundheitspolitik, Band II (Sammelschrift), München 2011, S. 36 – 51.

Mit der Einführung des einheitlichen Beitragssatzes der Krankenkassen wurde die Philosophie von deutschlandweit einheitlichen Preisen quasi perfektioniert. Daneben stehen aber auch die Fallpauschalen für Krankenhausleistungen, die ebenfalls als deutschlandweite Einheitspreise administriert werden. Ähnlich ist auch die Vergütung für die niedergelassenen Ärzte einzuschätzen. Erst die letzte Reform des EBM 2009 hat die deutschlandweite Vereinheitlichung der Vergütungen für die niedergelassenen Ärzte weiter vorangetrieben. Ob und inwieweit dieser Trend durch das geplante Versorgungsstrukturgesetz 2012 gestoppt wird, bleibt abzuwarten.

Insgesamt muss man feststellen, dass die preisliche Steuerung derzeit in der deutschen Gesundheitsversorgung kaum eine Rolle spielt. **Einheitliche Preise** haben, ohne Rücksicht auf die jeweilige Angebots- und Nachfragesituation, Vorrang. Lediglich im Bereich der selektiven Verträge gibt es einen Preis-/Leistungswettbewerb, der allerdings bislang nur wenig Marktvolumen beinhaltet. Genau an dieser Stelle meinen wir, sollte die Weiterentwicklung intensiviert werden.

3.2.2 Markttransparenz

Ein zweites regulierendes Prinzip ist die Markttransparenz für die Versicherten und Patienten. Eine Preissteuerung kann nur dann wirken, wenn den betroffenen Versicherten und Patienten auch die Preisunterschiede transparent gemacht werden und diesen die entsprechenden Leistungen gegenüber gestellt werden können.

Im Versicherungsbereich bedeutet das, dass die Krankenversicherungen den Versicherten **verschiedene Preise** für verschiedene Leistungspakete anbieten können, und damit im Wettbewerb zu anderen Krankenversicherungen stehen. Natürlich bedeutet das auch, dass Krankenversicherte ohne allzu große Hindernisse die Krankenversicherung wechseln können müssen.

Schwieriger als im Versicherungsbereich, ist Transparenz im Leistungsbereich herzustellen. Doch auch hier gibt es heute weitreichende Möglichkeiten, die bis vor kurzer Zeit so nicht verfügbar waren. Insbesondere die Standardisierung der Leistungen über das DRG-System im Krankenhausbereich hat für Patienten und zuweisende Ärzte einen großen Schritt vorwärts in Richtung Markttransparenz möglich gemacht. Im Bereich der niedergelassenen Ärzte sowie der angeordneten Arznei-, Heil- und Hilfsmittel gehen wir ebenfalls davon aus, dass ein ungleich höheres Maß an Transparenz für die Patienten möglich ist. Voraussetzung freilich ist, dass die Versicherer die Möglichkeit haben, die Patienten und Versicherten an den Preisen direkt zu beteiligen. Hier gibt es viele verschiedene Formen der so genannten **Kostenbeteiligung**, die eigentlich eine Preisbeteiligung sein sollte.

Vor allem die letzte Konsequenz, nämlich eine mehr oder weniger obligate Preisbeteiligung der Patienten und Versicherten, stößt in der politischen Landschaft in Deutschland auf unüberwindbare Hindernisse. Man fürchtet vor allen Dingen mit einer solchen Politik Wähler zu verlieren. Andere Länder, wie die Schweiz und auch Frankreich, zeigen aber, dass eine maßvolle Kostenbeteiligung durchaus auch in Gesellschaften durchsetzbar ist, die sich mit der unseren vergleichen lassen.

3.2.3 Offener Marktzutritt

Ein letztes regulierendes Prinzip für eine Wettbewerbswirtschaft stellt der offene Marktzutritt für neue Leistungsanbieter dar. Offener Marktzutritt bedingt aber, dass es keine bindende **Angebots- bzw. Bedarfsplanung** gibt und auch keine regulierte Marktzulassung, die an den Bedarf anknüpft. Zuverlässig sind Bedingungen, die sich auf die Qualität der jeweiligen Anbieter richten.

Der offene Marktzutritt ist für die Krankenversicherungen in Deutschland dadurch erschwert worden, dass die Bedingungen für die Eröffnung einer Krankenkasse relativ hoch gelegt sind. Doch ist im Augenblick dies insofern kein größeres Thema, als der Markt von einem Verdrängungswettbewerb getrieben wird.

Auf Seiten der Leistungserbringer hingegen ist durch einseitige und umfassende Angebotsplanungen kein offener Marktzutritt vorhanden. Nicht nur die Krankenhausplanung, auch die Planung der niedergelassenen Ärzte macht es für neue Leistungserbringer quasi unmöglich in den Markt dort einzutreten, wo sie es für sinnvoll halten. Das gerade diskutierte Versorgungsstrukturgesetz (September 2011) will den Marktzutritt für niedergelassene Ärzte noch weiter verengen bzw. erschweren. Die Vorstellung, in überversorgten Gebiete Arztsitze zu schließen, um dann, wenn nicht die Ärzte, dann doch zumindest die Finanzmittel in so genannte unterversorgte Gebiete zu transferieren, ist letztlich der Ansatz einer Planungswirtschaft.

Aus unserer Sicht wird mit einem solchen System der Marktzugangsregulierung einerseits der Wettbewerb abgewürgt und zum anderen das Problem selbst kaum gelöst. Vernünftiger wäre es, diese Lösung über die Vergütung, d. h. die Preise zu regeln. Versicherten in unterversorgten Gebieten sind niedrigere Versicherungsbeiträge anzubieten, während umgedreht bei Ärzten in überversorgten Gebieten sich durch den Wettbewerb die Einkommensentwicklungen dämpfen. Es ist aber auch in einer mobilen Wirtschaft davon auszugehen, dass die Patienten selbst sich zu dem Ort des günstigeren Angebots bewegen. Eine politische Planung der Versorgung ist aus unserer Sicht keine Lösung. Zumindest haben weder die Krankenhausplanung noch die vertragsärztliche Bedarfsplanung in den letzten 40 Jahren wenig Erfolg gezeitigt.

3.3 Das ausgleichende Sozialprinzip

Das Sozialprinzip bedingt, dass der Staat jeden Versicherungspflichtigen in die Lage versetzt, sich die definierte Versicherungsleistung kaufen zu können. Der Staat muss dabei die Frage klären, wer aus seiner Sicht unterstützungsbedürftig ist und zum zweiten, in welchem Umfange dieser Unterstützungsbedarf besteht. Hier stehen gesellschaftliche Aufgaben an, die vom Staat bzw. den entsprechenden Gremien der Gesetzgebung zu klären sind. Die Unterstützungen selbst haben selbstverständlich aus Steuermitteln zu erfolgen, so dass auch die Krankenkassen in diesem Umfange vom Solidarausgleich entlastet werden und dieser über Steuermittel zu finanzieren ist, und somit der Solidarausgleich ein Ausgleich ist, den alle Steuerzahler mitzutragen haben.[10] Wir halten diese Form des Solidarausgleichs für sehr viel moderner und zukunftsorientierter, als der alte gruppenbezogene Solidarausgleich, der nur so lange funktionierte, als es geschlossene Versicherungsgruppen gab, die im Wesentlichen lebenslang zusammengehörten.

In der heutigen modernen und mobilen Gesellschaft gibt es aber diese lebenslangen, stabilen Gruppen nicht mehr. Von daher ist der Solidarausgleich in diesem Bereich keine Lösung. Auch den derzeit praktizierten Solidarausgleich über den Risikostrukturausgleich halten wir für wenig zukunftsbezogen, schließlich werden hier weder die Privatversicherten, noch die höheren Einkommen einbezogen. Eine Privatisierung der gesetzlichen Krankenversicherer führt sicherlich zu einem gravierenden Strukturwandel mit zahlreichen Folgefragen. Doch können wir heute schon feststellen, dass schon eine Reihe von Schritten in diese Richtung unternommen wurden. So ist die Einführung des Insolvenzrechtes für Krankenkassen ein solcher Schritt.

Die Privatisierung muss aber auch den Krankenversicherern erlauben, unterschiedliche Versicherungsprodukte anbieten zu können. Dabei bleibt es

10 Vgl. Neubauer: Der Regionale-Gesundheitskombi. In: Ein Jahrzehnt Gesundheitsökonomie und Gesundheitspolitik, Band I (Sammelschrift), München 2011, S. 55 – 65.

dem Staat vorbehalten einen gesetzlich vorgeschriebenen Grundleistungskatalog zu definieren, den sowohl einerseits jede Krankenversicherung anbieten und zu anderen jeder Versicherungspflichtige entsprechend auch abschließen muss. Neben dem Privateigentum ist es die Vertragsfreiheit, die einer Wettbewerbswirtschaft das Funktionieren erst erlaubt.

4 Dreiteilung des Gesundheitsmarktes als Realisierungsstrategie

In der aktuellen Diskussion über die Gesundheitswirtschaftwirtschaft und deren Ordnung wird häufig auch von einer Dreiteilung des Gesundheitsmarktes ausgegangen, dessen einzelne Märkte unterschiedlichen Ordnungsprinzipien zu unterwerfen sind. Diese Dreiteilung haben wir in der nachfolgenden Abbildung kurz skizziert.

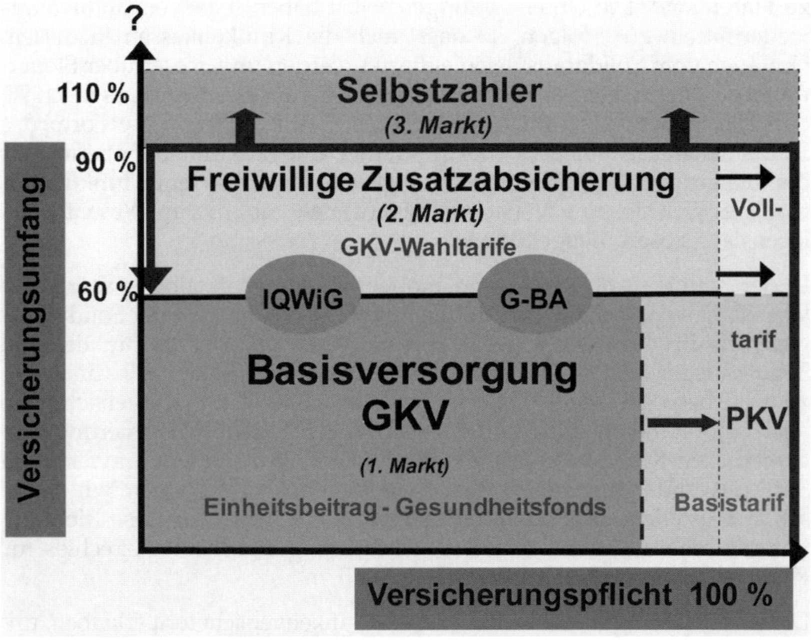

Abb. 2: Dreiteilung der Gesundheitsversorgung

Quelle: Neubauer: Das GKV-WSG: Eine Weichenstellung für die gesetzliche und private Krankenversicherung? In: Ein Jahrzehnt Gesundheitsökonomie und Gesundheitspolitik 2000 – 2010, Band I (Sammelschrift). 2011, S. 34

Der Gesundheitsmarkt würde demnach in einen Markt für Basisversorgung, einen Markt für Zusatzversorgung und einen Markt für Selbstzahler zu unterteilen sein. Für alle drei Teilmärkte werden unterschiedliche Ordnungsprinzipien aufgestellt, die dann quasi zu einem Nebeneinander, nach verschiedenen Prinzipien geordneten Märkten aufgestellt werden.[11]

4.1 Markt für Basisversorgung

Für den Markt zur Basisversorgung, in dem zum einen die Versicherungspflicht definiert ist und zum anderen auch der Versicherungsumfang, wird unterstellt, dass weitgehend das Modell der wettbewerblich orientierten gemeinsamen Selbstverwaltung gelten soll. Dabei wird davon ausgegangen, dass auf längere Sicht das Prinzip der Kollektivverträge weiter zurückgeschraubt wird und sich damit das Prinzip der Individual- bzw. Selektivverträge ausdehnt. Die Basisversorgung soll die Leistungen beinhalten, die nach der Definition des SGB V bedarfsgemäß, zweckmäßig und wirtschaftlich erbracht werden. Dass dies heute längst nicht der Fall ist, muss nahezu nicht erwähnt werden. Gleichwohl ist auch dieser Bereich Teil der Gesundheitswirtschaft, aber er würde sich eben dem Ordnungsprinzip einer Wettbewerbswirtschaft zumindest in Teilen entziehen.

4.2 Markt für Zusatzversorgung

Der Markt für Zusatzversorgung bleibt der freien Entscheidung jedes Einzelnen überlassen. Insofern kann in diesem Teilmarkt die Versorgung vollständig einem geregelten Wettbewerb überlassen werden. Aus heutiger Sicht gehören hierzu der Markt der Privaten Krankenversicherungen sowie der Zusatzversicherungen, wie sie von privaten und gesetzlichen Krankenversicherungen angeboten werden.

Nun stellen wir in der Diskussion um das Arzneimittelmarktneuordnungsgesetz (AMNOG) derzeit aber fest, dass sich die privaten Krankenversicherer mehr und mehr als Teil der Basisversorgung definieren und auch deren Grundprinzipien für sich reklamieren.[12] Von daher ist davon

---

11 Vgl. Neubauer: Das GKV-WSG: Eine Weichenstellung für die gesetzliche und private Krankenversicherung? In: Ein Jahrzehnt Gesundheitsökonomie und Gesundheitspolitik 2000 – 2010, Band I (Sammelschrift), München 2011, S. 31 – 36.

12 Vgl. Pfister, F., M.: Das duale Krankenversicherungssystem in Deutschland nach den GKV-WSG. (Diss.). Frankfurt am Main 2010, S. 425 ff.

auszugehen, dass auf mittlerer Sicht die Privatversicherten ebenfalls in die Pflicht zur Basisversicherung einbezogen werden, wie das im Grunde genommen für Arbeitnehmer heute schon der Fall ist, und sie darüber hinaus Zusatzversicherungen frei wählen können. Letzteres muss als eine Abschmelzung des Marktsegmentes gelten, das dem zweiten Markt zuzuordnen ist. Im Markt für die Zusatzversicherung können die Prinzipien der Wettbewerbswirtschaft voll zur Geltung kommen. Allerdings braucht es hier nicht die Anwendung des Sozialausgleiches. Schließlich werden sämtliche Leistungen in diesem Marktsegment zu jenen Leistungen gerechnet, die nicht bedarfsnotwendig sind und von daher der Entscheidung des einzelnen Versicherten unterliegen.

4.3 Markt der Selbstzahler

In diesem Marktsegment kommen die Prinzipien der Wettbewerbswirtschaft voll zum Tragen. Doch hat auch hier der Staat die Aufgabe, für die entsprechende Markttransparenz und für die Einhaltung der Wettbewerbsregeln zu sorgen. Heute unterliegt dieser Markt nur dem Prinzip der Unbedenklichkeit.

4.4 Trends

Die drei Teilsegmente der Gesundheitswirtschaft, die nach unterschiedlichen Ordnungsprinzipien nebeneinander stehen, sollen auf längere Sicht aufeinander zugeführt werden.[13] Zum einen ist die Basisversorgung insofern nach den beschriebenen Ordnungsprinzipien zu steuern, wobei lediglich der Solidarausgleich in einen Sozialausgleich überzuführen ist. Alle anderen Prinzipien könnten weitgehend übernommen werden. Für die Marktsegmente zwei und drei gilt, dass diesen Teilmärkten vor allem für die Innovationsentwicklung eine hohe Bedeutung zukommt. Schließlich können in diesem Markt Innovationen zugelassen werden, sofern sie auf ihre Unbedenklichkeit geprüft sind und sie eine hohe Evidenz bezüglich ihrer Kostenwirksamkeit aufweisen. Wir gehen davon aus, dass diesen Teilmärkten eine äußerst wichtige Schrittmacherfunktion für die gesamte Gesundheitswirtschaft zuzuordnen ist. In der nachfolgenden Abbildung wollen wir dies am Beispiel der Innovationsentwicklung aufzeigen.

13 Vgl. Pfister, F., M.: Das duale Krankenversicherungssystem in Deutschland nach den GKV-WSG. (Diss.). Frankfurt am Main 2010, S. 407 ff.

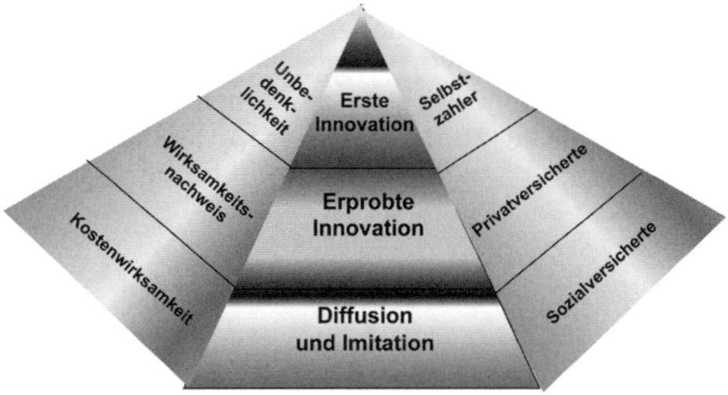

Abb. 3: Rolle der Marktsegmente für Innovationen

Quelle: Neubauer: Medizinisch-technische Innovationen. In: Ein Jahrzehnt Gesundheitsökonomie und Gesundheitspolitik (Sammelschrift), Band II.2011, S. 170.

Da die Gesundheitswirtschaft in Deutschland – vor allen Dingen auf Grund des demografisch bedingt sinkenden Potentials an Erwerbstätigen – verstärkt mit Finanzierungsproblemen zu kämpfen haben wird, ist es notwendig, beide Marktsegmente als Innovationsportale für die Basisversorgung zu entwickeln. Für die Gesundheitswirtschaft in Deutschland sind Innovationen unabdingbar, insbesondere wenn die Gesundheitswirtschaft mit ihren Produkten auch im Export, und damit in Auslandsmärkten, mithalten will. Produkte, die keinen heimischen Markt haben, lassen sich auch kaum in ausländischen Märkten erfolgreich absetzen.

5 Perspektiven für die Gesundheitswirtschaft

Wir wissen, dass die Rahmenbedingungen, insbesondere die Demographie und die Anspruchshaltung der Menschen, auf mittlere Sicht die Gesundheitsversorgung zu einem immer wichtiger werdenden Wirtschaftsbereich entwickeln lassen wird. Umso wichtiger ist es, diesen Bereich nicht weiterhin als staatlichen Versorgungsbereich zu definieren, sondern – wie eingangs erwähnt – als Teil der wertschöpfenden Wirtschaft zu verstehen, und für diesen Teil auch Rahmenbedingungen zu schaffen, die einer effizienten Leistungserstellung Raum gibt.

Natürlich wissen wir auch, dass gerade die Gesundheitsversorgung Schritt für Schritt von der EU mehr und mehr beansprucht wird. Hier gilt es, frühzeitig klar zu machen, dass wir in Deutschland den Schritt von der Sozialversicherung zur Gesundheitswirtschaft vollziehen wollen und auch Schritte in diese Richtung tun. Ohne ein klares ordnungskonformes

Konzept, wird man aber kaum andere Länder und auch nicht die EU-Behörden überzeugen können. Von daher ist die Diskussion in Deutschland absolut notwendig, um frühzeitig mögliche Konflikte im Rahmen der EU zu identifizieren und dann auch auszuräumen. Deutschland fällt hier eine Schrittmacherrolle zu, zumal andere europäische Länder noch lange nicht den deutschen Diskussionsstand erreicht haben.

Soziale Marktwirtschaft als Leitbild der Gesundheitswirtschaft

Dr. Michael Borchard/Dr. Norbert Arnold

1 Das Gesundheitssystem im Wandel

„In der einen Hälfte des Lebens opfern wir unsere Gesundheit, um Geld zu erwerben. In der anderen Hälfte opfern wir Geld, um die Gesundheit wieder zu erlangen." Der französische Philosoph Voltaire hat in seinem bemerkenswert aktuellen Zitat schon zu Beginn des 18. Jahrhunderts nicht ohne Ironie auf den Zusammenhang von Gesundheit und Wirtschaft hingewiesen und auf die Bereitschaft, Geld in die Erhaltung oder Wiederherstellung von Gesundheit zu investieren.

Im 20. Jahrhundert allerdings war es lange Zeit verpönt, Gesundheit und Wirtschaft in einem Atemzug zu nennen. Auch heute noch, im 21. Jahrhundert, gilt es in manchen Kreisen, in denen Gesundheit ausschließlich unter sozialen Aspekten gesehen wird, als anstößig, diese Verbindung zu betonen. Bei einem so hohen Wert wie Gesundheit stößt wirtschaftliches Denken bei vielen zunächst einmal auf Befremden. Besonders weil es als ein für das menschliche Leben konditionales Gut wahrgenommen wird, scheint es auf den ersten Blick nahe zu liegen, einer unzulässigen „Ökonomisierung" eines so sensiblen Handlungsfeldes entgegenzuwirken. Erst bei genauerer Betrachtung wird deutlich, dass eine – richtig verstandene und organisierte – Gesundheitswirtschaft dem hohen Gut Gesundheit nicht abträglich ist, sondern ganz im Gegenteil dazu beitragen kann, sie auch künftig zu sichern. Ja, sie kann beispielsweise durch mehr Effizienz im Idealfall sogar die Qualität von Leistungen verbessern. Nicht zuletzt erscheint daher die Gesundheitswirtschaft unter individual- und sozialethischen Aspekten begründbar. Gerade das Konzept einer „Sozialen" Gesundheitswirtschaft nimmt für sich in Anspruch, diese am Wohl des Menschen orientierte Perspektive in den Vordergrund zu stellen.

Bei vielen Fachleuten und auch in der öffentlichen Wahrnehmung wandelt sich das Bild von Gesundheit und ihrer Kompatibilität mit Wirtschaft grundlegend. Marktwirtschaftliche Elemente im Gesundheitssystem sowie Gesundheitswirtschaft sind heute auf dem besten Weg, akzeptiert zu werden – aus gutem Grund. Vor allem drei Entwicklungslinien sind ausschlaggebend für diesen Perspektivwechsel:

- Ein erster Grund liegt in der wachsenden wirtschaftlichen Bedeutung von Gesundheit. Die Gesundheitswirtschaft erweist sich zunehmend als eine der wichtigen wirtschaftlichen Wachstumsbranchen mit hoher Wertschöpfung und beachtlichen Arbeitsplatzpotenzialen. Schon heute gehört sie zu den größten Wirtschaftszweigen in Deutschland, und ein Ende der Wachstumsphase ist nicht abzusehen. Volkswirtschaftlich ist sie von großer Bedeutung, gerade in den Zeiten, in denen sich wie gegenwärtig die Weltkonjunktur als nicht sehr stabil erweist. Es ist die Gesundheitswirtschaft, die sich – zumindest bislang – als krisenresistenter als manch andere Branchen erweist. Sie ist darüber hinaus größtenteils standortgebunden – und trägt damit auf direktem Weg zur Wohlstandsicherung in Deutschland bei.

  Wie in kaum einer anderen Branche treffen Wachstumsmärkte und innovative Querschnittstechnologie aufeinander. Besonders zukunftsträchtig ist die Tatsache, dass die große Dynamik, die sich in diesem Bereich sowohl bei der Innovation als auch bei der Entwicklung des Marktes abzeichnet, auch auf andere Branchen überträgt. „Health in all Policies" skizziert diesen Trend und tatsächlich finden sich in vielen anderen Branchen bereits heute gesundheitsrelevante Ansätze.

  Gesundheitswirtschaft erweist sich vor diesem Hintergrund sowohl aus unternehmerischer als auch aus volkswirtschaftlicher Sicht als ein interessanter Ansatz, um Wachstum und Wohlstand zu generieren. Aber auch für Patienten und Versicherte erweist sich eine prosperierende Gesundheitswirtschaft als vorteilhaft, nämlich z. B. dann, wenn mit ihr mehr Innovationen einhergehen, die zu besseren gesundheitlichen Produkten und Dienstleistungen führen, und wenn durch den Wettbewerb bedingt, die Preise sinken. Es ist also durchaus nicht so, dass durch eine Gesundheitswirtschaft nur das „Gewinnstreben" – die „Ökonomisierung" – befördert wird, sondern es gibt vielmehr solide Vorteile für den Einzelnen, der in erster Linie an der Erhaltung und Wiederherstellung seiner Gesundheit interessiert ist.

- Ein zweiter Grund für den Perspektivwechsel liegt in den finanziellen Grenzen, die im derzeitigen Gesundheitssystem immer deutlicher erkennbar werden. Die GKV hat ein Einnahmenproblem, das sich vor dem Hintergrund des demographischen Wandels weiter zuspitzt (und zwar zunächst unabhängig, ob es eine „Gesundheitsprämie", eine „Bürgerversicherung" oder etwa eine andere Alternativlösung geben wird). Und es ist evident, dass dieses Einnahmenproblem in jeder konjunkturellen Schwächephase immer schwieriger zu lösen sein wird.

Gleichzeitig steigen die Ausgaben für Gesundheit auf Grund der demographischen Entwicklung, des medizinisch-technischen Fortschritts und der veränderten Erwartungen an die Gesundheitsversorgung an. Sowohl auf der Einnahmen- als auch auf der Ausgabenseite gibt es also Trends, die eine grundlegende Reform des Gesundheitssystems dringend erforderlich machen, wenn auch künftig die gesundheitliche Versorgung auf hohem Niveau gewährleistet bleiben soll.

Bei kritischer Betrachtung der heutigen Situation bietet es sich als Sofortmaßnahme an, zu sparen, um die Finanzprobleme zu mildern. Wenn darunter Rationalisierung und dadurch das Heben von Effizienzreserven gemeint ist, dann wird deutlich, dass dies alleine nicht ausreicht, um die finanziellen Probleme zu lösen. Hinzu kommt, dass gerade in so sensiblen Handlungsfeldern, wie der Gesundheit, das Sparen schnell seine (ethisch gebotenen) Grenzen findet: Wohl lassen sich die Gesundheitsverwaltung und Abläufe in Krankenhäusern und Arztpraxen effizienter gestalten, ja es kann sogar zutiefst unethisch sein, nicht alle Effizienzreserven zu heben, weil dann die Mittel an anderer Stelle fehlen. Die erste Priorität dabei muss allerdings immer dem Patientenwohl gelten; selbstverständlich lassen sich auch Ausgaben für Produkte und Dienstleistungen einsparen, gerade dort, wo sie weder wirksam noch nützlich sind, aber immer dann, wenn der Rotstift an das medizinisch Notwendige ansetzt, ist eine solche Streichmaßnahme ethisch nicht mehr zu rechtfertigen.

Noch sehr viel problematischer ist Sparen durch Rationierung. Eine Rationierung, die das medizinisch Notwendige einschränkt, kann ethisch nicht gerechtfertigt werden und widerspricht den Gesundheitsinteressen der Patienten. Ja, sie kann in diesem Fall sogar allen Gerechtigkeitsvorstellungen und dem christlichen Gebot widersprechen, dass wir jenen Menschen, die sich nicht selbst helfen können, unsere Solidarität zukommen lassen müssen. Denn es ist eine Tatsache, dass Rationierungen in erster Linie finanziell schwache soziale Schichten betreffen, die fast ausschließlich auf die in der GKV solidarisch finanzierten Gesundheitsleistungen angewiesen sind. Die finanzkräftigere gesellschaftliche Schicht kann dagegen durchaus die Möglichkeit nutzen, auch jenseits der GKV Gesundheitsleistungen in Anspruch zu nehmen. Gerade bei einem so elementaren Gut wie der Gesundheit, müssen auch in Zukunft – auch in einem System, das der Gesundheitswirtschaft neue Spielräume gibt – der Gerechtigkeits- und der Solidaritätsgedanken in einer verantwortlichen Gesundheitsversorgung fest verankert bleiben.

- Ein dritter Grund liegt in einem neuen Selbstverständnis von Versicherten und Patienten, wie eine Untersuchung der Konrad-Adenauer-Stiftung zeigt.[1] Wie in anderen Bereichen des gesellschaftlichen Lebens, so nimmt auch – und zwar interessanterweise über alle Milieus hinweg – in Bezug auf Gesundheit der Wunsch nach mehr Selbstbestimmung zu. Der „mündige" Bürger wird auch im Gesundheitssystem als Leitbild wirksam. Dies hat Auswirkungen auf die Arzt-Patient-Beziehung, in der das bislang vorherrschende paternalistische Arztbild zunehmend in den Hintergrund geschoben, wenngleich dieses „klassische" Muster noch nicht vollständig verdrängt wird. Eine neue, eine gemeinschaftlichere Kommunikations- und Verantwortungsebene zwischen Ärzten und Patienten spiegelt sich auch in dem Wunsch der Versicherten und Patienten wider, selbst bestimmen und wählen zu können, was für die eigene Gesundheit hilfreich und nützlich ist. Wahlfreiheit auf der Nachfragerseite setzt allerdings auch eine Vielfalt auf der Anbieterseite voraus, und zwar eine Vielfalt an Angeboten, die auch den Interessen und Bedürfnissen der Menschen entspricht. Dieses Verhältnis von Angebot und Nachfrage auszutarieren, gelingt in marktwirtschaftlichen Systemen sehr viel einfacher und besser als in zentral gelenkten Systemen.

Die Untersuchung der Konrad-Adenauer-Stiftung, die die Auffassungen zur Gesundheit in den einzelnen Milieus ermittelt hat, zeigt sehr deutlich, dass eine gesundheitliche „Einheitsversorgung" der wachsenden Diversität an Lebensstilen und Werthaltungen in der modernen Gesellschaft kaum noch gerecht wird und immer weniger die gesundheitlichen Bedürfnisse, Erwartungen und Interessen der Menschen trifft. Von vielen wird Gesundheit nicht mehr als ein passiv zu konsumierendes Gut empfunden. Eine Haltung, die z. B. in dem mittlerweile veralteten Begriff der Gesundheits-„Versorgung" deutlich wird, gehört weitgehend der Vergangenheit an. Heute wird Gesundheit als ein besonders hoher Wert empfunden, der alle Lebensbereiche durchdringt und für den man aktiv etwas tun muss.

Die von der Politik eingeforderte „Eigen"-Verantwortung, oder besser: „Mit"-Verantwortung, findet bei Versicherten und Patienten unseren Studien zufolge zunehmend Anklang – allerdings nur sofern die Rahmenbedingungen so gestaltet sind, dass eine „echte" Mitverantwortung, d. h. Mitentscheidung und Wahlmöglichkeiten nach vorhergehender Information und Aufklärung, gegeben sind und der soziale Grundwert der Solidarität erhalten bleibt.

1 Zum Wandel des Selbstverständnisses und den möglichen Konsequenzen für den Ordnungsrahmen des Gesundheitssystems vgl.: *Wippermann*, C. u. a. Chancengerechtigkeit im Gesundheitssystem. Wiesbaden 2010.

Beides ist in der Wahrnehmung der Betroffenen in der heutigen Situation nur unzureichend gegeben. Daher wird unter den jetzigen Bedingungen, die von politischer Seite oft zu hörende Forderung nach mehr Eigenverantwortung vielfach als eine Notlösung in einem als „marode" wahrgenommenen System missverstanden. Ja, sie wird sogar als Zumutung empfunden, weil in den Augen der Bürgerinnen und Bürger Ihnen Aufgaben zugeschoben werden, die eigentlich „der Staat" erfüllen müsste.

Ein künftiger Ordnungsrahmen muss also nicht nur finanziell und wirtschaftlich tragfähig sein und die Solidarität im Gesundheitssystem sichern, sondern auch durch mehr Vielfalt und Wahlmöglichkeiten die gewünschte stärkere Selbstbestimmung von Versicherten und Patienten erst ermöglichen.

Dass ein solcher Ordnungsrahmen, der die Befindlichkeiten der Versicherten und Patienten besser als bisher berücksichtigt, marktwirtschaftlich – und nicht planwirtschaftlich – strukturiert sein muss, liegt auf der Hand. Denn nur in einem marktwirtschaftlichen System orientieren sich Angebot und Nachfrage an den Bedürfnissen der „Kunden"; die „Kundensouveränität" hat entscheidenden steuernden Einfluss.

Diese drei skizzierten Aspekte reichen aus unserer Sicht aus, um über eine grundlegende Reform des Gesundheitssystems nachzudenken. Dabei soll keineswegs die bisherige positiv zu bewertende Leistungsfähigkeit des Gesundheitssystems ignoriert oder gar negiert werden. Um die besondere Qualität des deutschen Systems auch künftig zu erhalten, scheinen jedoch Reformen und Innovationen notwendig. Daher ist ein neuer Ordnungsrahmen diskussionswürdig, der das Gesundheitssystem auf eine solide Grundlage stellt. Vordringliches Ziel muss es sein, dass die gesundheitlichen Angebote auch künftig „in guter Qualität und zu bezahlbaren Preisen" möglich sind.[2]

2 Die Überlegungen zu einem neuen Ordnungsrahmen im Gesundheitssystem basieren auf den Ergebnissen eines Gesprächskreises „Innovationen im Gesundheitssystem", der von der Konrad-Adenauer-Stiftung einberufen wurde. Sie sind in zwei Thesenpapieren skizziert: *Konrad-Adenauer-Stiftung* (Hrsg.): Bessere Medizin zu bezahlbaren Preisen. Mehr Qualität und Effizienz durch Wettbewerb. Plädoyer für die Stärkung des Bürgers im Gesundheitssystem. Sankt Augustin / Berlin 2006. Konrad-Adenauer-Stiftung (Hrsg.): Soziale Gesundheitswirtschaft. Ordnungsrahmen für ein zukunftsfähiges Gesundheitssystem. Sankt Augustin / Berlin 2009.

2 Gesundheit als („ganz normale") Wirtschaftsbranche

Mit dem Begriff der „Sozialen Marktwirtschaft" wird heute die Wirtschaftsordnung der Bundesrepublik Deutschland bezeichnet, die sich sowohl von einer zentralistischen Planwirtschaft als auch von einem liberalistischen „Manchester-Kapitalismus" abhebt und einen „dritten Weg" einschlägt. Gerade die gegenwärtige Finanz, Euro- und Wirtschaftskrise zeigt, dass das Wirtschafts- und Gesellschaftsmodell, das die junge Bundesrepublik zum wirtschaftlichen Erfolg geführt hat, auch heute noch ein erfolgreiches Konzept ist. Wer würde die besondere Wirkung beispielsweise der Sozialpartnerschaft in der gegenwärtigen Krise leugnen. Dabei ist die „Soziale Marktwirtschaft" zumindest vordergründig nicht mehr allein das Proprium der christlichen Demokratie, obwohl es ihre politischen Exponenten waren, die diese Idee umgesetzt haben. Längst ist die Soziale Marktwirtschaft als wirtschaftspolitischer Leitgedanke in beinahe allen Parteiprogrammen angekommen. Selbst die Linkspartei spricht über die Soziale Marktwirtschaft. Mit der breiten Akzeptanz und dem allgemeinen – nicht selten auch parteipolitisch instrumentalisierten – Bekenntnis zu Sozialen Marktwirtschaft – verschwimmen allerdings ihre Konturen.

Oft ist nicht mehr ganz klar, was die Soziale Marktwirtschaft heute ausmacht und ob wirtschaftspolitische Maßnahmen im konkreten Fall wirklich mit dem Konzept der Sozialen Marktwirtschaft im Sinne ihrer Gründerväter vereinbar sind. Daher ist eine Rückbesinnung auf den „Markenkern" notwendig.

Aus unserer Sicht gehören folgende Eigenschaften zu den Kernelementen der Sozialen Marktwirtschaft: ein freier und fairer Wettbewerb, der vom Staat kontrolliert und gewährleistet wird; Leistungsgerechtigkeit, so dass gute Leistungen im Wettbewerb honoriert werden; eine freie Preisbildung auf Grund der Marktmechanismen durch Angebot und Nachfrage; und schließlich als ein besonders wichtiges Element: die soziale Sicherung, die jene schützt, die aus eigener Leistung in einem marktwirtschaftlichen System nicht ausreichend bestehen könnten.

„Wohlstand für alle" wurde von Ludwig Erhard zu Recht als das zentrale wirtschaftspolitische Ziel postuliert, dass man mit der Sozialen Marktwirtschaft zu erreichen versucht. Trotz Wirtschafts- und Finanzkrisen, trotz Schuldenlasten, Arbeitslosigkeit und hoher relativer Armut hat dieses Ziel an Gültigkeit nicht verloren; freilich ist die Naivität gewichen, das Postulat des „Wohlstands für alle" schnell zu erreichen. Gerade im Kontext der Globalisierung der Wirtschaft und der zunehmend erkennbaren Grenzen quantitativen Wachstums ist es zu einer großen Herausforderung geworden, ein angemessenes Wohlstandsniveau herzustellen.

Wichtig ist zunächst, wahrzunehmen, dass auch in der Sozialen Marktwirtschaft der freie Markt und damit der Wettbewerb der Marktteilnehmer die entscheidende Rolle spielt. Auf diesem freien Markt konkurrieren Anbieter mit ihren Produkten und Dienstleistungen. Im Wechselspiel von Angebot und Nachfrage bilden sich die Preise der Produkte und Dienstleistungen und letztendlich auch ihre Qualität weitgehend „selbstregulatorisch". Wesentliches Kennzeichen der Sozialen Marktwirtschaft ist allerdings, dass es für diesen Wettbewerb einen klaren Rahmen, klare Regeln gibt, die vom Staat nicht nur gesetzt, sondern auch kontrolliert werden, um Auswüchse des Marktes, um Ungleichgewichte und Kartellbildungen zu vermeiden und damit einen fairen Austausch zu sichern. Hier kommen die christlichen Wurzeln der Idee der sozialen Marktwirtschaft zur Geltung. Freiheit wird in der Sozialen Marktwirtschaft immer mit Verantwortung verbunden. Freiheit ist in diesem Sinne nicht alleine als Freiheit **von** Beschränkungen, sondern auch als Freiheit **zur** mitmenschlichen Gestaltung der Lebensumwelt zu verstehen.

Da die Soziale Marktwirtschaft von ihren Gründervätern, von Walter Eucken und Alfred Müller-Armack, von Ludwig Erhard und anderen niemals nur als Wirtschafts-, sondern immer auch als Gesellschaftsmodell gesehen worden ist, braucht die Soziale Marktwirtschaft den starken und nicht den schwachen Staat. Im Wirtschaftssystem muss der Staat seine Aktivitäten vor allem auf den Ordnungsrahmen konzentrieren und direkte „Markteingriffe" weitgehend vermeiden, sonst leidet sowohl das Leistungsprinzip wie auch der faire Wettbewerb. In seiner Eigenschaft als Rahmengeber für die gesellschaftlichen Voraussetzungen der Sozialen Marktwirtschaft muss der starke Staat allerdings beispielsweise durch ein leistungsfähiges Bildungssystem die Menschen dazu in die Lage versetzen, ihr Schicksal selbst in die Hand zu nehmen und die Chancen einer freien Marktordnung zu nutzen. Er muss ihnen ebenso ein Mindestmaß an äußerer und innerer Sicherheit garantieren.

Die Frage, wodurch die Soziale Marktwirtschaft, das Attribut „sozial" verdient, bedarf vor allem im Zusammenhang mit der Gesundheit einer besonderen Erörterung. Es ist evident, dass die Gesundheit als ein ganz besonders, als ein existentielles Gut verstanden wird, das sich von den meisten anderen (Wirtschafts-) Gütern unterscheidet. Im Bereich der Gesundheit wird Ungleichheit als besonders belastend empfunden, weil es hier um Lebensqualität und um Lebensgestaltung geht. Deshalb wird die Ungleichheit, die der Wettbewerb zwangsläufig herstellt, durchaus gefürchtet.

Die Mechanismen eines „ordnungspolitisch richtig regulierten" Marktes führen tatsächlich zu mehr Verteilungsgerechtigkeit. In der gesellschaftlichen Realität wird die Wirtschaftspolitik durch eine weitreichende Sozialpolitik ergänzt. „Das Maß der Wirtschaft ist der Mensch" so Wilhelm Röpke. Konkret bedeutet das, dass eine soziale Ordnung den Markt und seine Auswirkungen abfedern muss. Der Mensch muss zunächst auch materiell so ausgestattet sein, dass er seine Freiheit wahrnehmen und nutzen kann.

Wenn allerdings diese soziale Ordnung, den Leistungswillen durch ein Übermaß an Alimentierung lähmt und alle sozialen Unterschiede nivelliert, dann wird sie dem Menschen ebenfalls nicht gerecht und beschneidet seine Chancen. Freiheit und Gerechtigkeit bedingen einander. Ohne Freiheit, die auch ein gewisses Maß an Ungleichheit beinhaltet, entsteht keine Gerechtigkeit. Ohne Gerechtigkeit, die allen die gleichen Chancen einräumt, entsteht keine Freiheit. Ein so verstandener Ordnungsrahmen der soziale Belange und den freien Wettbewerb ausbalanciert, kommt dem Menschen wirklich zugute und schafft damit beste Voraussetzungen für ihre freie Entfaltung.

Wenn nun Gesundheit zunehmend aus dem Bereich der Sozialpolitik heraustritt und zu einem Thema der Wirtschaftspolitik wird, dann kann man davon ausgehen, dass – entgegen der oft zu hörenden Befürchtung – unter den Bedingungen der Sozialen Marktwirtschaft die Orientierung am Wohl des Menschen nicht verloren geht, auch wenn die für die Sozialsysteme typische „planwirtschaftliche" Steuerung durch eine wettbewerbliche ersetzt wird. Eigentlich ist es völlig unverständlich, wieso viele Kritiker der Gesundheitswirtschaft meinen, ein „planwirtschaftliches", also ein zentral gesteuertes System würde besser als ein marktwirtschaftliches die gesundheitlichen Bedingungen der Menschen befriedigen. Der Glaube an zentrale Steuerungen und die Aversion gegen wettbewerbliche Ordnungsrahmen im Sozialbereich trägt bisweilen schon fast ideologische Züge und kann jedenfalls in keiner Weise durch Fakten bestätigt werden. „Planwirtschaft" erweist sich als ein schlechteres System, in allen Bereichen, in denen sie bisher realisiert wurde: Humanität, solidarischer Ausgleich und soziale Gerechtigkeit werden in einer Gesundheitswirtschaft – bei richtiger Rahmensetzung – sehr viel besser erreicht werden können. Die Ziele der Gesundheitspolitik bleiben auch unter marktwirtschaftlichen Bedingungen selbstverständlich unverändert: Nach wie vor geht es um die Erhaltung und die Wiederherstellung der Gesundheit der Menschen auf einem qualitativ hohen Niveau. Gerade die Soziale Marktwirtschaft kann auf Grund der bisherigen Erfahrungen als Garant dafür gesehen werden, dass an diesen sozialen bzw. humanen Zielen keine Abstriche vorgenommen werden.

Unter Knappheitsbedingungen, wie sie im Gesundheitssystem zu finden sind, stellt sich die Frage nach der gerechten Verteilung knapper Ressourcen: Wie müssen die Regeln gestaltet werden? Welche Dienstleistungen und Produkte werden benötigt? Wem stehen sie zu? Welche Prioritäten müssen gesetzt werden? Dirigistische Steuerungsinstrumente, wie sie derzeit im Gesundheitssystem vorherrschen, etwa die Krankenhausbedarfsplanung, bergen die Gefahr in sich, dass sie am tatsächlichen Bedarf vorbeigehen. Wenn Angebot und Nachfrage außer Kraft gesetzt sind, dann werden auch Preise intransparent und die Kosten steigen.

3 Von der Sozialen Marktwirtschaft zu einer Sozialen Gesundheitswirtschaft

„Wohlstand für alle“ als perspektivisches Ziel der Sozialen Marktwirtschaft bedeutet in der Übersetzung für die Soziale Gesundheitswirtschaft: „Gesundheit für alle“. Auch ein künftiges, ein reformiertes, ein mehr wettbewerblich strukturiertes Gesundheitssystem muss sich letztlich an der Gesundheit der Menschen orientieren. Darüber hinaus muss der notwendige Wandel gesellschaftlich akzeptabel und politisch realisierbar sein. Das Vertrauen in die Soziale Marktwirtschaft mag – wie die Umfragen zeigen – insgesamt über die Jahrzehnte gesunken sein, aber noch immer überwiegt, die Zahl derer, die der Auffassung sind, dieses Modell habe sich bewährt, die Zahl jener, die anderer Meinung sind, sehr deutlich. Die Soziale Marktwirtschaft hat demnach noch immer die Akzeptanz, die sie braucht, um auch im Gesundheitswesen als Rahmen für Veränderungen, für mehr Qualität und Effizienz, für Gerechtigkeit und einen angemessenen Wohlstand zu sorgen.

So ideologisch die Debatte um ein verändertes, um ein deutlich marktwirtschaftlicheres System geführt wird: Schon längst ist die Förderung der Gesundheitswirtschaft und die Stärkung des Wettbewerbs im Gesundheitssystem kein Tabu mehr. Im Gegenteil: Sie haben in viele politische Grundsatzpapiere Eingang gefunden. Und nicht nur auf dem Papier ändert sich etwas: Auch die Reformschritte der letzten Jahre zielen deutlicher in die Richtung eines wettbewerblichen Ordnungsrahmens. Die Erkenntnis, dass sich marktwirtschaftliche Anreize als besonders geeignet erweisen, „um Fehlanreize zu vermeiden und Qualität und Effizienz nachhaltig zu sichern“, findet immer mehr Anhänger. Gerade diese gestiegene Akzeptanz stellt hohe Anforderungen an das Verantwortungsbewusstsein jener, die mehr marktwirtschaftliche Rahmenbedingungen wollen: Die Angst vor einer „Ökonomisierung“, die noch immer von vielen Menschen mit dem Stichwort der Gesundheitswirtschaft verbunden wird, muss ernst genommen werden. Der Verdacht, dass moralische Werte zugunsten rein ökonomischer Werte vernachlässigt werden, darf sich nicht erhärten. Eine Gesundheitswirtschaft, die das Prädikat „sozial" verdient, braucht demnach auch nicht weniger, sondern mehr ethische Reflexion. Zugleich darf aber auch nicht zugelassen werden, dass ökonomisches Denken per se als unethisch gebrandmarkt wird. Ein Gesundheitsmarkt mit einem regulierten Wettbewerb eignet sich sehr gut, um die Heterogenität der Interessen und Bedürfnisse gerecht aufzugreifen. Fehlanreize, Gesundheitsangebote minderer Qualität oder mit überhöhten Preisen haben keinen Bestand; Gesundheitsgüter und -leistungen mit guter Qualität setzen sich dagegen durch – ganz im Sinne der Versicherten und Patienten. In erster Linie geht es also auch in einem nach den Prinzipien der „Sozialen Marktwirtschaft" organisierten Gesundheitssystem um die Gesundheit der Menschen und nicht um ökonomische Interessen. Die gesundheitlichen Bedingungen für die Menschen zu optimieren, ist ethisch hoch legitimiert. Ein Gesundheitssystem mit mangelnder Effizienz und suboptimale Ausnutzung knapper Ressourcen ist dagegen ethisch nicht zu vertreten.

In diesem Zusammenhang muss auch immer wieder in der Debatte darauf hingewiesen werden, dass ein wichtiges Bauprinzip einer freiheitlichen Ordnung und der sozialen Marktwirtschaft, das aus der christlichen Soziallehre abgeleitet wird, die Subsidiarität ist. Auch diese Vokabel muss ihren „alten Klang" zurückerhalten: Das heißt Eigen- und Mitverantwortung darf nicht in erster Linie als kostendämpfendes, die Staatskasse entlastendes Element gesehen werden: Die Tatsache – wie unsere Untersuchungen mit den Sinus-Milieus zeigen –, dass die Menschen mehr Vielfalt wollen, die Tatsache, dass die Aktivität der Gesundheits-„Kunden" – die „Kunden-Souveränität" – eine wichtigere Rolle spielt, zeigt, dass das Prinzip der Subsidiarität für die Menschen nach wie vor attraktiv ist, weil es die menschliche Person wie kein anderes gesellschaftliches Bauprinzip in den Mittelpunkt stellt.

4 Vielfalt und Wahlmöglichkeiten

Die Lebensstile nehmen in modernen Gesellschaften in der Tat zu. Dies hat auch Folgen für das Gesundheitssystem, an das sehr viel spezifischere und unterschiedlichere Anforderungen gestellt werden als dies noch vor einigen Jahrzehnten der Fall war. Obwohl viele Versicherten und Patienten vordergründig den Wunsch nach einer „Rund-um"-Versorgung äußern, durch die alle Gesundheitsrisiken „einheitlich" abgedeckt werden, zeigt sich bei genauerer Analyse eine große Vielfalt unterschiedlicher Interessen und Bedürfnisse in Bezug auf Gesundheit, so dass ein „einheitliches" Gesundheitsangebot nicht mehr denkbar ist. Die Gesundheitsinteressen und -bedürfnisse divergieren in Abhängigkeit der sozialen Schicht, der Werthaltungen, des Bildungsgrades, des Lebensalters usw. In Milieumodellen lässt sich diese Heterogenität abbilden; sie legt nahe, dass dieser Vielfalt auf der Nachfragerseite eine ebenso große Vielfalt auf der Angebotsseite entgegengestellt werden muss.

Eine Soziale Gesundheitswirtschaft stellt große Erwartungen, sowohl an die Leistungserbringer als auch an die Nachfrageseite. Die Leistungserbringer müssen die derzeit noch „geschützten Räume" verlassen und sich dem Wettbewerb stellen. Privilegien und Sonderrechte haben im Gesundheitssystem keinen Bestand und müssen abgebaut werden. Gleichzeitig müssen die Leistungserbringer in die Lage versetzt werden, unternehmerisch zu handeln. Dies erfordert den Abbau überflüssiger Restriktionen und Reglementierungen, die unternehmerisches Handeln behindern, und gleichzeitig eine Setzung von Rahmenbedingungen, die Gesundheitsunternehmen in einem positiven Sinne unterstützen und ihnen verlässliche Handlungsleitlinien geben.

Vordringliche Aufgabe ist es gegenwärtig, Wettbewerbshindernisse und -verzerrungen abzubauen. Ziel muss es schließlich sein, die Vorteile eines marktwirtschaftlichen Gesundheitssystems für alle Akteure erfahrbar zu machen. Dies ist bei vielen Gesundheitsunternehmen bisher noch nicht der Fall. Auch viele Versicherte und Patienten sehen derzeit einen funktionierenden Gesundheitsmarkt noch nicht verwirklicht. Die Vorteile sind in der jetzigen Übergangssituation noch nicht für alle spürbar. Die Gesundheitsunternehmen müssen ermutigt werden, sich auf diesen Wettbewerb stärker als bisher einzulassen, um die damit verbundenen Chancen zu nutzen.

Damit eine Soziale Gesundheitswirtschaft funktionieren kann müssen auch Versicherte und Patienten dafür gerüstet sein. Erwartet wird von Ihnen, dass sie ihre – bereits in diesem Beitrag angedeutete – Rolle als informierte und mündige Bürger wirklich übernehmen, die sich als souveräne „Konsumenten" in einem inhaltlich anspruchsvollen, relativ komplexen Markt orientieren können.

Die technisch-organisatorischen Voraussetzungen dafür sind so gut wie noch nie: Es gibt zahlreiche Möglichkeiten, sich über Gesundheitsfragen zu informieren, angefangen bei den klassischen Medien wie Bücher, Fernsehen und Zeitschriften – und nicht zuletzt auch das Arzt-Patient-Gespräch – bis hin zu den digitalen Medien, die mit dem Internet eine sehr große Informationsfülle bieten, durchaus aber auch qualitativ hochwertige Angebote bereitstellen. Auch die Leistungserbringer sind zunehmend an Transparenz interessiert und stellen von sich aus mehr Informationen zur Verfügung. Anbieter guter, nachvollziehbarer Leistungen haben einen Vorteil und werden sich auf dem Markt durchsetzen. Für sie kann es ein wichtiges Instrument sein, ihre gute Qualität zu vernünftigen Preisen transparent zu kommunizieren, um sich gegen schlechtere Konkurrenten durchzusetzen.

5 Versicherte und Patienten in neuer Verantwortung

Mehr Information, mehr Transparenz, mehr Wettbewerb befördert die Nachfrage nach mehr Qualität. Mehr Qualität ist aber nur über mehr Innovation wirklich erreichbar. Ein Beispiel für einen solchen Prozess ist der Telekommunikationsmarkt: Innerhalb kurzer Zeit entwickelte sich dieser Sektor von einem staatlichen Monopol zu einer florierenden Branche, die heute das Telefonieren für die Kunden nicht nur billiger macht, sondern auch die Vielfalt der Telekommunikationsdienste im Sinne der Verbraucher deutlich verbessert hat. Nach der Marktöffnung erlebt die Telekommunikationsbranche nachfrageinduzierte Innovationsschübe, die den Verbrauchern zugutekommen. Eine ähnliche Entwicklung kann auch durchaus im Gesundheitsmarkt erwartet werden.

Voraussetzung ist jedoch, dass Versicherte und Patienten in der Lage sind, ihre Bedürfnisse und Interessen in angemessener Weise zu artikulieren. Obwohl jeder an einer guten Gesundheit interessiert ist, fällt es oft schwer, konkret die nützlichen und wirksamen Güter und Leistungen zu identifizieren, um die Gesundheit zu erhalten und wiederherzustellen (wie z. B. derzeit IGeL). An diesem Punkt wird deutlich, dass – im Gegensatz zum Telekommunikationsmarkt – der Gesundheitsmarkt ein „Expertenmarkt" bleiben wird.

Mitverantwortung der Versicherten und Patienten kann daher nicht bedeuten, dass sie alleine gesundheitsrelevante Entscheidungen alleine fällen müssen, dies kann auch künftig nur in enger Zusammenarbeit mit dem Arzt geschehen. Auch in einer Sozialen Gesundheitswirtschaft wird also das Arzt-Patient-Verhältnis nicht schwächer werden. Die Vertrauensbeziehung zwischen Ärzten und Patienten bedarf der Stärkung, so dass das fehlende Patientenwissen durch die fachliche Kompetenz des Arztes kompensiert werden kann.

Unabhängig davon muss die Gesundheitsbildung gestärkt werden. Viele gesundheitsrelevante Güter und Leistungen – etwa des zweiten Gesundheitsmarktes, viele Präventions- und vorbeugende Maßnahmen eines gesundheitsbewussten Lebensstils – werden nämlich außerhalb der Arztpraxen und Krankenhäuser angeboten. Deshalb muss von Versicherten und Patienten stärker als bisher ein „gesundheitssensibler" Lebensstil erwartet werden, der das Interesse an gesundheitlichen Fragen und die Bereitschaft sich in diesen Fragen Know-how zu erwerben, einschließt.

Problematisch ist, dass Versicherte und Patienten vor allem aus bildungsfernen Milieus weder ein ausreichendes Interesse an Gesundheitsfragen haben, noch die zur Verfügung stehenden Informationsmedien nutzen. Trotzdem legt diese Gruppe einen ganz besonderen Wert auf Selbstbestimmung in Gesundheitsfragen. Bevormundung oder die Einschränkung von Wahlmöglichkeiten wird – ähnlich wie von allen anderen Milieus – kaum akzeptiert. Vor diesem Hintergrund entsteht eine überaus anspruchsvolle Aufgabe für die Gesundheitsbildung, die versuchen muss, die Diskrepanz zwischen dem Anspruch, als informierter und mündiger Bürger auch im Gesundheitssystem selbstbestimmt zu agieren, und den Kenntnissen über Gesundheit, die defizitär sind.

6 Zielvorgaben und Kontrolle: Die Rolle des Staates

In einer Sozialen Gesundheitswirtschaft geht es nicht nur um niedrige Preise. Selbstverständlich spielen die Kosten eine wichtige Rolle. Sie stehen sogar im Fokus der derzeitigen öffentlichen gesundheitlichen Debatte. Eine Debatte, in der sich der Eindruck zunehmend festgesetzt hat, Gesundheitspolitik sei Sparpolitik und Gesundheitsreformen stellten lediglich empfindliche Einschnitte in den Leistungen dar, mit dem Ziel Kosten zu sparen. Schon hier ist eine völlig falsche Perspektive sichtbar, die den Weg hin zu einer „Sozialen Gesundheitswirtschaft" hemmt: Gesundheitsausgaben dürfen nicht als „Unkosten" betrachtet werden. Sie sind vielmehr als Investitionen zu sehen, und zwar ähnlich wie z. B. bei der Bildung, als Investitionen in das „Humankapital". Die Reduktion auf den Kostenaspekt lässt die humanitäre Dimension von Gesundheitsausgaben in den Hintergrund treten. Im Gegensatz zu allen anderen Wirtschaftsbranchen wird eine Umsatzsteigerung im Gesundheitssystem nicht positiv, sondern negativ bewertet. Die Perspektive auf die „Gesundheitskosten" muss daher korrigiert werden. In einer Gesundheitswirtschaft sind sie ein Indikator für Wachstum. Auch heute schon haben die „Gesundheitsausgaben" bei genauerem Hinsehen diesen positiven Aspekt in sich: Denn ein großer Teil der Gesundheitsausgaben fließt in Gehälter und Löhne und ist daher für das Wirtschaftswachstum relevant.

In einem Sozialen Gesundheitsmarkt geht es vor allem um den Wettbewerb um gute Qualität. Preisdumping auf Kosten mangelnder Qualität ist im Hinblick auf das besondere Gut Gesundheit nicht akzeptabel. Daher muss der Staat die Rahmenbedingungen für den Gesundheitsmarkt so bestimmen, dass die Qualität der Gesundheitsgüter und -leistungen ein bestimmtes Niveau, das sich am Stand von Wissenschaft und Forschung orientieren muss, nicht unterschreitet. Setzung und Kontrolle dieser Qualitätsstandards wird zu einer der wesentlichen Aufgaben des Staates in der Gesundheitswirtschaft. Ähnlich wie in der Sozialen Marktwirtschaft tritt der Staat selbst nicht als Anbieter für Gesundheit auf. Dies überlässt er den privaten Akteuren. Der Staat wird also nicht mehr länger als „Versorgungsstaat" agieren, sondern als „Gewährleistungsstaat". Nur dort, wo es im Gesundheitsmarkt zu einem Marktversagen kommen sollte, muss er selbst als Anbieter eingreifen, um die von ihm gesetzten Standards für alle Versicherten und Patienten zu garantieren.

Dem Staat kommt in seiner Gewährleistungsfunktion eine wichtige Aufgabe in der Gesundheitswirtschaft zu. In dem er den Ordnungsrahmen setzt, hat er Einfluss auf die Gestaltung des Wettbewerbs zwischen den Anbietern, kontrolliert die Einhaltung der Qualitätsstandards und die Erreichung der gesetzten Gesundheitsziele und sorgt für Chancen- und Teilhabegerechtigkeit, so dass Versicherte und Patienten die notwendigen Gesundheitsgüter und -leistungen erhalten.

Die gesundheitliche Versorgung, die der Staat gewährleisten muss, ist keine „Minimalmedizin", sondern eine Medizin, die das medizinisch Notwendige in guter Qualität, die dem Stand von Wissenschaft und Forschung entspricht, sicherstellt. Ähnlich wie in anderen Märkten (wie z. B. im Telekommunikations- oder Automobilmarkt), wird sich – so die Hoffnung – auch im Gesundheitsmarkt eine Qualitätsmedizin entwickeln, die mit guten Leistungen und bezahlbaren Preisen Versicherte und Patienten an die leistungsfähigen Unternehmen binden und ihnen dadurch wirtschaftliche Vorteile auf dem Gesundheitsmarkt bringen, während gleichzeitig auch die Versicherten und Patienten davon profitieren. Darüber hinaus setzt der Staat die Regeln für zusätzliche Gesundheitsgüter und -leistungen, die über das medizinisch Notwendige hinausgehen und die entweder privat bezahlt oder über Zusatzversicherungen finanziert werden. Während es für das medizinisch Notwendige eine Versicherungspflicht (aber keine Pflichtversicherung) mit Kontrahierungszwang für die Versicherungen gibt, sind die Wahl- und Gestaltungsmöglichkeiten für Zusatzversicherungen, die das medizinisch Wünschenswerte abdecken, noch sehr viel flexibler.

Ähnlich wie bei der Sozialen Marktwirtschaft muss auch in der Sozialen Gesundheitswirtschaft ein sozialer Ausgleich, der vom Staat kontrolliert wird, stattfinden, so dass es in Bezug auf das medizinisch Notwendige keine inakzeptablen, d. h. dem Solidargedanken widersprechenden Unterschiede zulasten sozial Schwächerer gibt.

Überall dort, wo es zu Ungerechtigkeit auf Grund unterschiedlicher Teilhabe- und Beteiligungschancen gibt, ist es Aufgabe des Staates für den ethisch gebotenen Ausgleich zu sorgen. Dies sollte nicht durch direkte Eingriffe in den Markt geschehen, sondern durch das Setzen geeigneter Rahmenbedingungen: „Ökonomie ist ein System mit eigenen Sachzwängen, bei dem ethisches Handeln zu Nachteilen führt. Ethik ist ein eigenständiger Diskurs, der sich in den Rahmenbedingungen auswirken muss“ (Karl Homann).

7 Soziale Marktwirtschaft als Vorbild

Die Soziale Marktwirtschaft ist trotz aller Veränderungen, die sie im Laufe der Jahrzehnte erfahren hat immer noch ein Ordnungsrahmen, zu dem derzeit keine Alternativen erkennbar sind. Sie hat sich auch in schwierigen wirtschaftlichen Situationen bewährt und ist deshalb inzwischen – explizit verankert in den Lissaboner Verträgen – auch die Wirtschaftsordnung für die Europäische Union. Wie kein anderes Wirtschaftssystem steht sie für Freiheit und Selbstbestimmung, Solidarität und soziale Gerechtigkeit und spiegelt das moderne Selbstverständnis des Menschen in einer demokratischen Gesellschaft wider.

Daher kann sie als Leitidee auch für die Gesundheitswirtschaft dienen, bei der es nicht um beliebige Konsumgüter geht, sondern um ein ganz besonders hohes Gut, wie es Gesundheit darstellt. Im vorliegenden Beitrag wurden mögliche Entwicklungslinien im Gesundheitssystem skizziert. Bereits heute sind durch den Gesetzgeber die Weichen für mehr Wettbewerb im Gesundheitssystem gestellt. Diese gilt es weiterzuentwickeln, um aus einer „Mangelwirtschaft“ mit andauernden Sparzwängen eine innovative Wachstumsbranche zu machen, deren Vorteile nicht nur volkswirtschaftlich von Nutzen sind, sondern auch für Versicherte und Patienten, die auf eine qualitativ hochwertige und gleichzeitig bezahlbare Gesundheitsversorgung auch in Zukunft hoffen.

So ganz wird das schöne Zitat Voltaires am Anfang dieses Beitrages, demzufolge die Menschen zunächst ohne Rücksicht auf ihre Gesundheit Geld verdienen, um dann dieses Geld in ihre ruinierte Gesundheit investieren zu müssen, wohl niemals aufzuheben sein. Denn letztlich entspricht dieses Verhalten der Natur des Menschen. Die Soziale Gesundheitswirtschaft aber greift nicht nur das Gewinnstreben, das Streben nach der Verwirklichung der eigenen Träume positiv auf. Sie sorgt im Idealfall auch dafür, dass jeder Euro, der in die Gesundheit investiert wird, für alle, für jeden Einzelnen und für die Gesellschaft am Ende eine lohnende Investition ist.

Antiquierte Rahmenbedingungen behindern moderne Medizin

Prof. Heinz Lohmann/Ines Kehrein

Abstract: In der Gesundheitswirtschaft tritt neben den Treiber Kostendruck die Patientensouveränität. Die überkommenden Strukturen und ihre Regeln sind nicht mehr geeignet, den Wandel von der Institutionen- zur Prozessorientierung zu befördern. Im Gegenteil, sie behindern die notwendige Modernisierung im Interesse der Patienten und Versicherten. Die Politik ist deshalb gefordert, Gesetze und Verordnungen auf den Prüfstand zu stellen und auf die künftigen Ziele neu auszurichten.

1 Wettbewerb um Qualität und Preis

Wer derzeit die Gesundheitslandschaft intensiv betrachtet, wird feststellen, dass das Personalkarussell beim Management kräftig rotiert. Die Verweildauern in Führungspositionen nehmen drastisch ab und gleichen sich denen in anderen Branchen, die bereits seit geraumer Zeit unter erheblichem Veränderungsdruck stöhnen, an. Der Austausch von Spitzenpersonal ist in aller Regel Vorbote der Notwendigkeiten des Wandels in der Struktur von Wirtschaftsbereichen. Das gilt in der Gesundheitswirtschaft genauso, wie in anderen Teilen unserer Volkswirtschaft.

Jahrelang schon stehen die Kosten im Zentrum der Diskussion um das Gesundheitssystem. Dies wird auch in den nächsten Jahren so weiter gehen. Hintergrund sind zum einen die Innovationen in der Medizin und zum anderen die Demografie. Sie führen zu einer steigenden Nachfrage, der begrenzte Mittel im Sozialtransfer gegenüber stehen. Die aufgehende Schere erzeugt Kostendruck. Diesem Treiber im Wandel der Gesundheitswirtschaft tritt, bisher fast unmerklich, ein weiterer an die Seite. Es handelt sich um den Patienten selber. Er kann auch als Konsument eine wichtige Rolle auf dem Gesundheitsmarkt spielen, wenn die Leistungs- und Qualitätstransparenz gewährleistet sind. Die Voraussetzungen dazu sind heute bereits besser als je zuvor. Insbesondere das Internet hat schon viel bewirkt.

Qualität und Preis werden immer mehr zu den entscheidenden Bestimmungsgrößen in der Gesundheitswirtschaft. Es geht, kurz gesagt, um „gute Medizin zu bezahlbaren Preisen". Das Ziel ist also klar. Aber genauso klar ist auch, da sind wir noch lange nicht. Qualität ist nicht überall gleich, ganz im Gegenteil, es gibt erhebliche Differenzen. Und die Kosten steigen trotz vielfältiger Innovationen, da diese sich im Wesentlichen auf Produkte beziehen und deshalb additiv sind. Prozessinnovationen sind in der Gesundheitswirtschaft außerordentlich rar.

Modern ist mithin nur die Medizin, nicht die Art und Weise, wie sie gemacht wird. Hier herrschen teilweise noch antiquierte Bedingungen. Medizin ist heute interdisziplinär, interprofessionell, technik- und kapitalbasiert. Nur wenn viele Köpfe und Hände zusammenarbeiten entsteht gute Medizin. Der Rahmen, in dem Medizin immer noch gemacht wird, entspricht diesen Anforderungen in keiner Weise. Er ist völlig überkommen, stammt aus dem vorletzten Jahrhundert und entspringt den Bedingungen des Übergangs von der romantischen zur naturwissenschaftlichen Medizin. Der einzelne Arzt und sein Patient ist das immer noch herrschende Leitbild. Damit lässt sich das erklärte Ziel nicht erreichen. Das ist letztlich zum Schaden der Patienten.

2 Herz blockiert Kopf

Der zwingend notwendige Wandel in der Gesundheitswirtschaft trifft auf eine Kultur, die diesen Veränderungen gegenüber reserviert eingestellt ist. Die Branche ist nicht Wandel erfahren. Sie hat im Gegenteil über viele Jahrzehnte gelernt, dass ihr zugestanden wird, an Organisationsformen festzuhalten, die in anderen Wirtschaftsbereichen als inakzeptabel gelten würden. Hintergrund dieser besonderen Stellung ist eine Verklärung der Medizin. Sie tut der Medizin letztlich nicht gut. Sie wird aber gerade von einer Reihe von Funktionären nachhaltig gepflegt. Einhergehend mit diesen Umständen der „Medizinproduktion" sind Mythen entstanden, die von vielen Akteuren „hochgehalten" werden. Zu ihnen zählen die Leitsätze: Individualität verbietet Standardisierung, Technik verhindert Humanität, Ökonomie ist mit Medizin unvereinbar und Patienten können nicht souverän sein. Diese Vorurteile sind weit verbreitet und sichern damit die Basis für ein Medizinbild, das sich in der Gesellschaft an vielen Orten findet, insbesondere in Medien und Politik. Letztere hat diese Ideologie weitgehend antizipiert und macht sie damit in besonderer Weise gesellschaftsfähig.

Wegen der romantisierenden Verklärung der Art und Weise, wie Medizin betrieben wird, haben die Gesundheitsanbieter moderne Formen der Leistungserbringung überwiegend bisher nicht realisiert. Die aufgehende Schere zwischen steigender Nachfrage nach Gesundheitsleistungen und begrenzten Transfermitteln hat deshalb zunächst auch nicht zum Druck auf die Produktivität geführt, sondern Positionen gestaltet, die in anderen Branchen nicht akzeptiert würden. Mehr Geld oder weniger Leistungen sind seit Jahren die Parolen. Die in der Gesundheitswirtschaft vorherrschende Ideologie verhindert hingegen nahe liegendes. Durch Überwindung der überkommenden Sektorisierung mit Hilfe von Wettbewerb, könnte die Produktivität und die Qualität gleichermaßen gefördert werden. Aber die Politik, die die Voraussetzungen dafür durch Gestaltung einer entsprechenden Marktordnung schaffen sollte, verzögert immer wieder die Veränderungen der Rahmenbedingungen (Abb. 1).

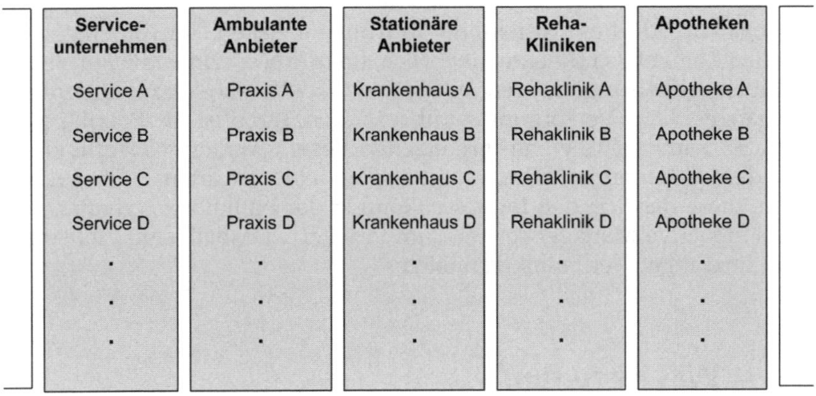

Abb. 1: Institutionenorientiertes Gesundheitssystem
Quelle: LOHMANN konzept GmbH

So hält sie beispielsweise an Kassenärztlichen Vereinigungen und deren Planungsrechten genauso fest, wie an den Zuständigkeiten der Bundesländer bei der Krankenhausplanung. Ja, sie ist derzeit sogar dabei, erste kleine „Pflänzchen" von Vertragsfreiheit zwischen einzelnen Krankenkassen und speziellen Leistungserbringern, im Bereich der Integrierten Versorgung, durch neue Planungsvorbehalte der Bundesländer einzuschränken. Auch die Rollen von medizinischen Versorgungszentren, die sich als intermediäre Institutionen zwischen Krankenhäusern und Praxen zu etablieren beginnen, werden durch Einschränkungen der Möglichkeiten, Gesellschafterfunktion wahrzunehmen, behindert. Auch das Berufsrecht und die Finanzierung von Gesundheitseinrichtungen stehen der sektorübergreifenden Zusammenarbeit in der Medizin im Wege. Diese ist aber die Voraussetzung für die Verbesserung von Qualität und die Hebung von Produktivitätsreserven.

„Skandale“ um Krankenhauskonzerne, die medizinische Versorgungszentren betreiben, wie sie beispielsweise unlängst in Berlin öffentlichkeitswirksam geworden sind, müssen als Indikator dafür gewertet werden, dass die Regelungen nicht praxistauglich sind. Hier wird aus Furcht vor den Lobbyisten der einzelnen Gesundheitssektoren an teilweise sich widersprechenden und inhaltsleeren Regularien festgehalten, die modernen Anforderungen nicht genügen. Gleiches gilt auch für Einschränkungen der Telemedizin. Hier ist die Überwindung des Verbots der ausschließlichen Fernbehandlung endlich angezeigt. Auch die geltenden Regelungen zur Mehrwertsteuer sind angesichts von Formen der Kooperation zwischen den verschiedenen Akteuren der Gesundheitswirtschaft heute längst „überholt“, verhindern sie doch den Vorsteuerabzug und erschweren damit intensive Formen der Zusammenarbeit in Systempartnerschaften. All diese Regeln, die in früheren Zeiten sinnvoll eingesetzt werden konnten, sind heute hinderlich, um die Medizin endlich institutionsübergreifend praktizieren zu können. Es ist notwendig, Hindernisse für ganzheitliche Versorgung zu überwinden. Dazu ist die Politik gefordert. Sie kann nicht, wenn ihre eigenen Regeln Modernität verhindern, von den Akteuren „unbürokratisches Handeln“ erwarten. Immer dann, wenn diese dabei in den Interessenkonflikt der Funktionäre geraten, stehen innovative Manager schnell „am Pranger“. Deshalb sind eindeutige Entscheidungen der Politik vonnöten.

3 Was ist zu tun?

Eine Branche, die sich vom Experten- zum Verbrauchermarkt entwickelt, ändert ihre Orientierung von der Institution zum Prozess. Expertendominierte Anbietermärkte werden von den jeweiligen Akteuren aus ihrer Institution heraus gedacht und entwickelt. Patienten, die auch zu Konsumenten werden, sind nicht vorrangig an Institutionen interessiert, sondern an den Ergebnissen der Behandlung, also am institutionenübergreifenden Prozess. Dort liegen die Reserven für die Leistungsfähigkeit und die Wirtschaftlichkeit der zukünftigen Gesundheitswirtschaft.

Wenn aus Patienten auch Konsumenten werden, ist es ebenso wie auf anderen Märkten auch. Das System orientiert sich um. Weil die Gesundheitsbranche bisher ein expertendominierter Anbietermarkt war, auf dem die Ärzte das Sagen hatten, standen die Institutionen, so die Krankenhäuser, im Zentrum des allgemeinen Interesses. Verbrauchermärkte sind hingegen auf die Prozesse ausgerichtet. Da wird die Zusammenarbeit der Akteure über die alten Gräben zwischen den Praxen und Krankenhäusern hinweg immer wichtiger (Abb. 2).

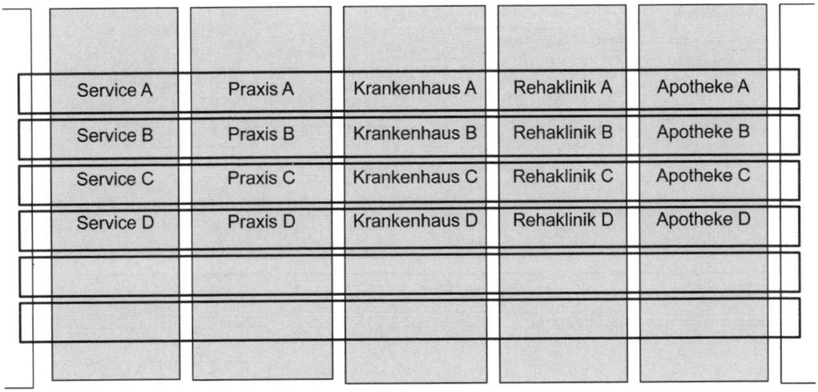

Abb. 2: Prozessorientierter Gesundheitsmarkt
Quelle: LOHMANN konzept GmbH

Patienten haben es satt, von „Pontius zu Pilatus" geschickt zu werden. Sie wollen nicht in tristen Wartezimmern und auf langen Krankenhausfluren ewig warten. Sie erwarten vielmehr zu Recht herausragende Medizin, aber eben immer häufiger auch einen Komfort, wie er sonst überall üblich ist. Natürlich sorgt der Touristikveranstalter dafür, dass die Reisenden nicht irgendwo auf der Welt am Flughafen alleingelassen herumstehen. Der Weitertransport ins Hotel ist selbstverständlich vorab organisiert. Service aus einer Hand ist keine Zauberei. Voraussetzung ist aber eine exzellente Kooperation der Beteiligten. Da ist kein Platz mehr für völlig getrennte Planungs- und Finanzierungsinstrumente bei niedergelassenen Kassenärzten auf der einen und Krankenhäusern auf der anderen Seite.

Alles das gilt auch für die Integration der ambulanten und stationären Rehabilitation. Wer nach erfolgreich überstandener Operation zwei bis drei Wochen zwischen dem Ende des Krankenhausaufenthaltes und dem Beginn der Reha-Behandlung bewegungslos zu Hause warten muss, verliert für eine zügige Gesundung viel Zeit und ist zudem zutiefst unzufrieden. Weder Praxisärzte, noch Krankenhäuser und Reha-Kliniken können sich das zukünftig leisten. Deshalb ist Zusammenarbeit das Gebot der Zukunft. Genau wie zurzeit Einkaufscenter Kaufhäuser verdrängen, werden in den kommenden 15 Jahren Gesundheitscenter Krankenhäuser ablösen (Abb. 3).

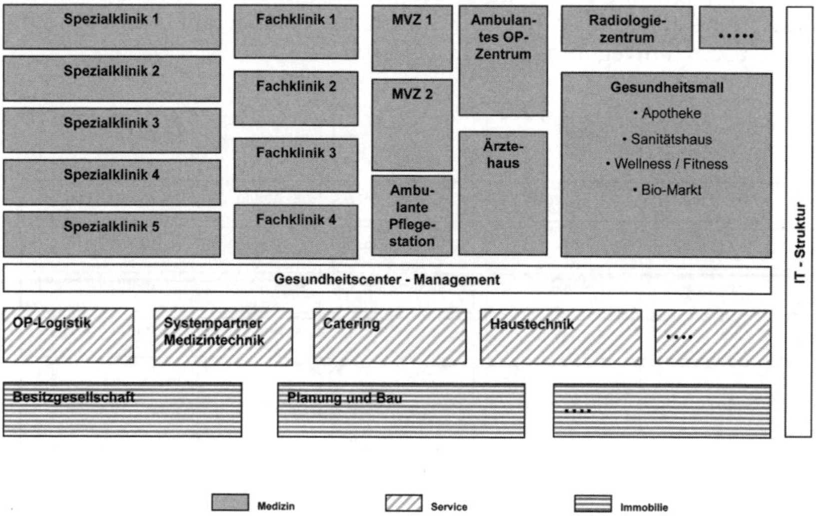

Abb. 3: Gesundheitscenter
Quelle: LOHMANN konzept GmbH

Hervorragende Infrastruktur, kurze Wege, gute Auswahl und vieles mehr sprechen hier wie dort für sich. Wer genau hinschaut, kann in vielen Hamburger Krankenhäusern erste Anzeichen dieses Wandels schon erkennen. Ärztehäuser, medizinische Versorgungs- und ambulante Operationszentren, Rehabilitationskliniken und sogar schon Hotels bieten ihre Leistungen auf dem Gelände und in Gebäuden von Krankenhäusern an. Die überkommende Angst vor zu viel Nähe der vermeintlichen Konkurrenten weicht nach und nach der Einsicht, dass Gemeinsamkeit vor allem stark macht.

Was ich häufig mache, kann ich besser. Diese einfache Weisheit gilt überall, auch in der Medizin. Deshalb beschränken sich Krankenhäuser mehr und mehr auf die Leistungen, die sie wirklich gut können. Konzentration auf das Kerngeschäft ist auch im Gesundheitsmarkt eine kluge Strategie. Qualitätsberichte, Krankenhausführer und Ärzte-Rankings beschleunigen diese Entwicklung sehr entscheidend. Für gute Qualität werden die Patienten zunehmend mobil. Sie sind deshalb bereit, auch weitere Wege in Kauf zu nehmen. Bei immer kürzerer Verweildauer wiegt das Argument weniger schwer, dadurch würden Angehörigenbesuche beschwerlich. Der alte Trend, bei komplexer Behandlungsbedürftigkeit doch lieber Großstadtkrankenhäuser aufzusuchen, kehrt sich auch schon mal um. Patienten schauen heutzutage viel genauer hin. Sie wollen Therapeuten, die sich mit der Versorgung ihrer Krankheit ganz besonders gut auskennennen. Spezialkliniken schießen allenthalben aus dem Boden. Konzentration und Spezialisierung bei gleichzeitiger Vernetzung sind deshalb künftig wichtige Erfolgskriterien für Krankenhäuser.

4 Politik Mut machen

Aktuell verzögert die Politik die Durchsetzung von Patienteninteressen. Dies geschieht real, obschon verbal Politiker anderes behaupten. Gesundheitspolitik ist auch Wirtschafts-, Wissenschafts-, Verbraucher-, Strukturpolitik und vieles andere mehr. Heute und erst recht morgen kommt es darauf an, mit vielen Partnern auch außerhalb der eigenen Branche und des eigenen Gesellschaftsbereich intensiv zu kooperieren. Deshalb ist die Ausbildung der Akteure der Gesundheitswirtschaft so wichtig. Neben der fachlichen Qualifikation und der Managementfähigkeit muss die Bereitschaft zur Zusammenarbeit mit diversen weiteren Fachbereichen durch das Curriculum der Ausbildung vorbereitet werden.

Politik hat die Aufgabe, die Gesetze und Paragrafen auf Regelungen zu überprüfen, die der Antizipation moderner Konzepte aus anderen Branchen für die Gesundheitswirtschaft entgegenstehen. Was einmal gut gemeint war, heute aber Qualität und Produktivität behindert, muss fallen. Starke Lobbyistengruppen beharren auf den überkommenden Regelungen, um Klientelpolitik durchzusetzen. Jede Reformidee erfährt diese Einstellung der Branche in dem offenen oder verdeckten Widerstand. Deshalb ist es wichtig, Politik Mut zu machen, Veränderungsschritte zu wagen, um den Interessen der Patienten zum Durchbruch zu verhelfen.

Innovationen in der Gesundheitswirtschaft: Die normative Kraft des Faktischen überwinden – Plädoyer für eine innovationsfördernde Arzneimittelpolitik

Anja Moeller/Jürgen Bieberstein

1 Zielkonflikte der aktuellen Arzneimittelpolitik

Mit der im Jahr 2009 vorgelegten Studie „Satellitenkonto für die Gesundheitswirtschaft" wurde es erstmals möglich, Wachstumsbeitrag und Beschäftigungsanteil der Gesundheitswirtschaft innerhalb der Gesamtwirtschaft exakt zu erfassen, abzubilden und zu messen. Bemerkenswert ist diese Darstellung nicht nur deshalb, weil es ihr gelingt, die Bedeutsamkeit der Gesundheitswirtschaft als treibenden Faktor der Volkswirtschaft zu quantifizieren (siehe Abb. 1). Wegweisend ist die Studie insbesondere, weil sie eindrucksvoll darstellt, dass den Mehrkosten einer verbesserten Gesundheitsversorgung auf Grundlage medizinisch und technischer Innovationen und anderer Faktoren eine gesunkene Morbidität und Mortalität gegenüber stehen („wealth equals health"). Konkret: Rund 8 Prozent der Gesundheitskosten werden durch den medizinisch-technischen Fortschritt eingespart.[1] Ernüchternd ist die Studie aber auch, weil sie das institutionelle Dilemma aufzeigt, in dem sich die Gesundheitswirtschaft in Deutschland – insbesondere aber die pharmazeutische Industrie – befindet: Einem klar quantifizierbaren, (volks-)wirtschaftspolitischen Impact steht der (gesundheits-)politische Wunsch einer finanzierbaren Arzneimittelversorgung gegenüber. So verwundert es nicht, dass Arzneimittel inzwischen in Deutschland „zu den am stärksten regulierten Produkten"[2] gehören. Zwar blickt die politische Steuerung des Arzneimittelsektors auf eine vergleichsweise junge Historie zurück,

1 Henke, K.-D. u. a.: Erstellung eines Satellitenkontos für die Gesundheitswirtschaft in Deutschland, Forschungsprojekt im Auftrag des Bundesministeriums für Wirtschaft und Technologie (BMWi), 2009; abgerufen unter http://www.bmwi.de.

2 Heinemann, C.: Organisierte Interessen – Nationale und europäische Arzneimittelregulierung in Deutschland und Großbritannien, 2006, S. 52.

gleichwohl ist die Regulierungstätigkeit des Gesetzgebers in diesem Politikfeld besonders dynamisch: Während bis in die Mitte der achtziger Jahre insbesondere Aspekte der Sicherheit und Qualität von Arzneimitteln im Mittelpunkt der Regulierungstätigkeit standen, so ist seit Mitte der neunziger Jahre ein Paradigmenwechsel in der Zielorientierung der politischen Regulierungstätigkeit zu erkennen, sind es doch überwiegend Aspekte der Wirtschaftlichkeit und Effizienz, die nunmehr den Begründungskontext immer wiederkehrender Eingriffe in den Arzneimittelmarkt liefern.

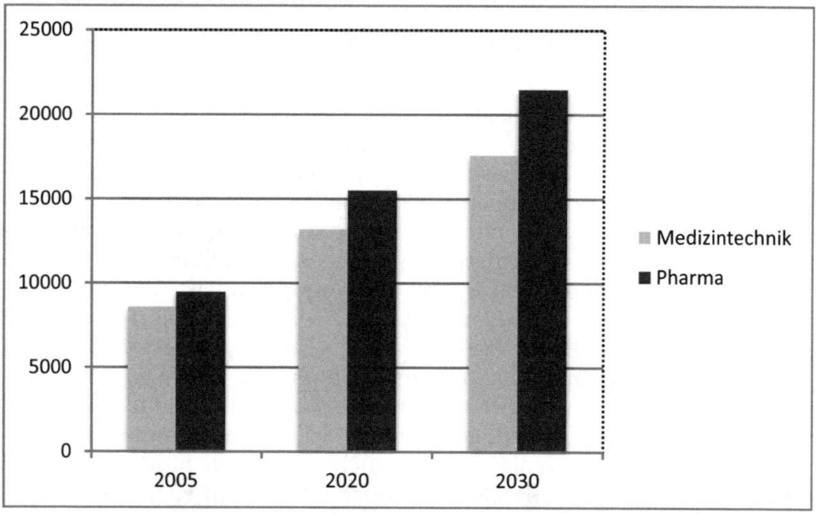

Abb. 1: Bruttowertschöpfung der Gesundheitswirtschaft (Mio. Euro)
Quelle: BDI Standpunkt Gesundheit, Ausgabe 01, Mai 2011

2 Umfang und Struktur des Arzneimittelmarktes in der GKV

„Das Bemühen der Gesundheitspolitik um stabile Beitragssätze und in diesem Kontext um Ausgabenbegrenzung bildet insofern unter Zielaspekten immer eine Gratwanderung zwischen den Entzugseffekten, die steigende Beitragssätze vornehmlich außerhalb des Gesundheitssektors bei Konsumenten und Investoren verursachen, und den positiven Wirkungen, die Gesundheitsausgaben und die mit ihnen finanzierten Leistungen erzeugen".[3] Dieser Befund erhält besondere Relevanz, wenn man bedenkt, dass rund 93 Prozent der Ausgaben für Arzneimittel von der Gesetzlichen Krankenversicherung getragen werden. In absoluten Zahlen heißt das: insgesamt wurden in Deutschland im Jahre 2010 32,03 Mrd. für verschreibungspflichtige Arzneimittel ausgegeben.[4] Dies ist der erhobene Bruttobetrag, das rechnerische Netto ist weitaus geringer: So müssen Patientenzuzahlungen, gesetzliche Apothekenrabatte sowie Herstellerabschläge, vertragliche Herstellerrabatte und Preisabsenkungen unter Festbetrag abgezogen werden. Im Ergebnis verbleibt etwa die Hälfte, also rund 16,8 Mrd. Euro bei der Arzneimittelindustrie.[5] Der größte Anteil der Arzneimittelausgaben fällt dabei im Bereich der ambulanten Arzneimitteltherapie an, während weniger als 1 Prozent der Ausgaben für die stationäre Arzneimittelversorgung aufgewendet werden. Das letzte Gutachten des Sachverständigenrates im Gesundheitswesen sieht darin einen Trend und prognostiziert eine „Ausweitung des Primärversorgungsbereichs und des Bereichs der sekundären fachärztlichen Versorgung bei einem gleichzeitigen Anstieg chronischer Krankheiten in einer Gesellschaft mit höherer Lebenserwartung".[6] Ein Trend, der auch durch gezielte Anreize auf politischer Ebene gefördert wird. Gleichzeitig stimuliert der durch die Einführung der Diagnosis Related Groups (DRGs) entstandene Effekt einer zunehmend kürzeren Verweildauer eine steigende Verlagerung des Patientenaufkommens vom stationären in den ambulanten Sektor. Der Leistungsverlagerung folgt allerdings nicht das erforderliche Finanzvolumen. Im Gegenteil: gemessen am BIP lagen die Leistungsausgaben der GKV im Jahre 2009 bei 7,1 Prozent, die Arzneimittelausgaben jedoch lediglich bei 1,3 Prozent. Im Vergleich zur gesamtwirtschaftlichen Leistung sind damit die Arzneimittelkosten, die zur Lasten der GKV abgegeben werden, nicht schneller gestiegen.

Besonders intensiv wurden in den letzten Jahren die Effekte der so genannten GKV-Strukturkomponente diskutiert und insbesondere auf politischer Ebene eingehend rezipiert. Dem Konzept liegt die Annahme zu Grunde, dass das Umsatzwachstum im GKV-Arzneimittelmarkt von zuletzt jährlich rund 5 Prozent auf einige umsatzstarke Indikationsgruppen, insbesondere aber so genannte Spezialpräparate zurückzuführen ist. Diese Veränderung wird allgemein als Strukturkomponente bezeichnet

3 Gutachten 2003 des Sachverständigenrates für die Konzertierte Aktion im Gesundheitswesen, S. 44; abgerufen unter http://dip21.bundestag.de/dip21/btd/15/005/1500530.pdf.

4 Schwabe,U. / Paffrath, D. (Hrsg.): Arzneiverordnungs-Report 2011, 2011, S. 3.

5 Cassel. D.: Arzneimittel-Innovationen im Visier der Kostendämpfungspolitik, GGW, Heft 1, 2011, S. 16.

6 Gutachten 2009 des Sachverständigenrates zur Begutachtung der Entwicklung im Gesundheitswesen, S. 348.

und meint eine Disparität von Verordnungsanzahl (insgesamt rückläufig) und Verordnungswert (insgesamt zunehmend). Diese Dynamik ist in solchen Indikationsgruppen zu beobachten, in denen überwiegend so genannte „Solisten" eingesetzt werden, es also keine Therapiealternative bzw. generischen Alternativen gibt. Dazu zählen vor allem so genannte Biologicals oder monoklonale Antikörper die in der Therapie von Autoimmun-, Stoffwechsel- oder Krebserkrankungen zum Einsatz kommen. Diese Perzeption von arzneimittelpolitischen Innovationen als Kostentreiber hat zuletzt maßgeblich die durch das AMNOG initiierte Regulierungstätigkeit im patentgeschützten Segment motiviert. So ist in der Kabinettsvorlage zum AMNOG zu lesen: „Der Kostenzuwachs wird durch Arzneimittel ohne Festbetrag verursacht (2009: plus 8,9 Prozent), während die GKV-Umsätze mit Festbetragsarzneimitteln sinken (2009: minus 2 Prozent). Wachstumsträger sind kostenintensive Spezialpräparate mit jährlich zweistelligen Zuwachsraten. Ihr Anteil am GKV-Arzneimittelumsatz erreichte bereits rund 26 Prozent, obwohl ihr Verordnungsanteil nur 2,5 Prozent beträgt."[7] Jüngere Analysen verweisen jedoch auf die Anfälligkeit dieser These. So führt Dieter Cassel – in Rückgriff auf eine Studie des IGES-Instituts – gegen das Kostentreiber-Paradigma insbesondere eine zu erwartende Nachfragesättigung und geringe Innovationseinführung an.[8] Bereits frühere Arbeiten (vgl. IGES-Institut, 2006) setzten sich mit der Methodik der durch das Wissenschaftliche Institut der Ortskrankenkassen eingeführten Komponentenanalyse auseinander. Fazit: der Einfluss der so genannten Analogpräparate auf die dynamische Kostenentwicklung im patentgeschützten Segment wird erheblich überschätzt.[9] Dies spiegelt sich auch darin wieder, dass sich Arzneimittelinnovationen in Deutschland langsamer durchsetzen als in anderen europäischen Ländern. Der Marktanteil der in den letzten fünf Jahren eingeführten neuen Wirkstoffe lag 2010 lediglich bei 4,6 Prozent (siehe Abb. 2). Dies ist zwar eine leichte Steigerung im Vergleich zu 2009 (4,4 Prozent), liegt aber deutlich unter den Werten früherer Jahre (2004: 7,7 Prozent).[10]

7 Entwurf eines Gesetzes zur Neuordnung des Arzneimittelmarktes in der Gesetzlichen Krankenversicherung (Arzneimittelmarktneuordnungsgesetz – AMNOG), Gesetzentwurf der Bundesregierung, 1. Oktober 2012, S. 1; abgerufen unter http://www.bundestag.de/bundestag/ausschuesse17/a14/be_b/Dokumente/05BT-Drs__17 – 3116_vom_01_10_2010.pdf.

8 Cassel, D.: Arzneimittel-Innovationen im Visier der Kostendämpfungspolitik, GGW, Heft 1, 2011, S. 17.

9 Münnich, F.: Ein Markt ohne Zukunft. In: Wirtschaftsdienst 2006, S. 637.

10 Verband der Forschenden Arzneimittelhersteller: Entwicklung des GKV-Arzneimittelmarktes, 2010.

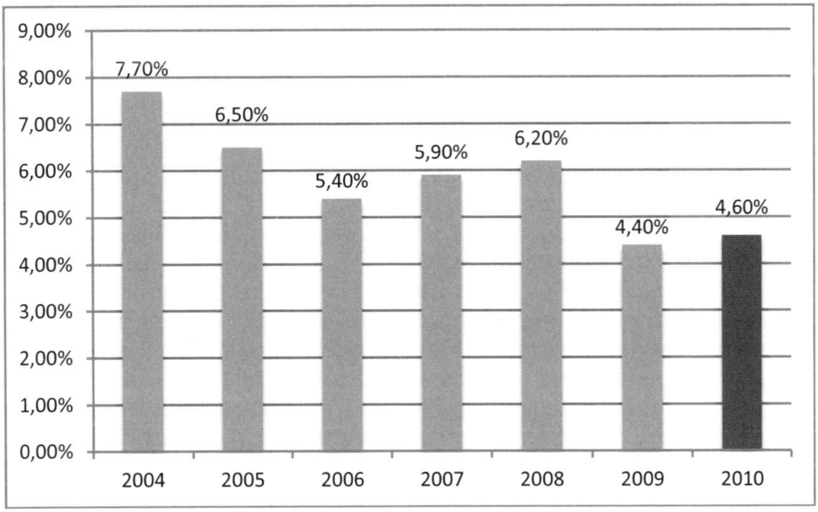

Abb. 2: Marktanteil neu eingeführter Wirkstoffe
Quelle: Verband der Forschenden Arzneimittelhersteller, Entwicklung des GKV-Arzneimittelmarktes, 2010

3 Institutionelle Rahmenbedingungen für innovative Arzneimittel

Längst ist es keine Binsenweisheit, dass der deutsche Arzneimittelmarkt als überreguliert gilt. Cassel/Wille verweisen in ihrem vielfältig rezipierten Gutachten aus 2008 auf einen Regulierungskontext, in dem insgesamt 27 Steuerungsinstrumente den institutionellen Rahmen zur Absatzmarktregulierung pharmazeutischer Produkte bilden (siehe Tab. 1). Der Regulierungsbedarf ergibt sich dabei aus der Tatsache, dass der Arzneimittelmarkt aus wirtschaftstheoretischer Sicht als „unvollkommener Markt" zu charakterisieren ist. Dieser Befund trifft in besonderem Maße auf das Segment der patentgeschützten Arzneimittel zu: Innovationsgrad der Produkte mit Blick auf neue Wirkstoffe sowie Heterogenität der Produkte und daraus resultierend geringe Wettbewerbsintensität bedingen erhebliche Informationsasymmetrien zwischen Anbietern und Nachfragern. Staatliche Regulierung erfolgt in diesem Zusammenhang einerseits direkt über ein System aus Geboten und Verboten, andererseits indirekt über monetäre bzw. nicht-monetäre Anreiz- und Abschreckungsinstrumente.[11] Die Frage nach dem ordnungspolitischen „Wie" der politischen Steuerung, also dem Einsatz wettbewerblicher oder zentraler Steuerungselemente ist dabei zentraler Diskussionspunkt der beteiligten Akteure im Politikfeld Arzneimittel – und dies schließt politische Akteure explizit mit ein. Konstanter Kritikpunkt ist dabei das Fehlen eines ordnungspolitischen Gesamtkonzeptes für den Arzneimittelmarkt. Die politischen Steuerungsversuche werden als „kurzfristig wirksame dirigistische Eingriffe"[12] beschrieben. Zuletzt erkannte dies auch der Koalitionsvertrag zwischen CDU/CSU und FDP an und konstatierte Ineffizienzen und Widersprüchlichkeiten im Arzneimittelmarkt.[13] Mit Blick auf die konkreten institutionellen Rahmenbedingungen für Arzneimittel ist zu beobachten, dass der Gesetzgeber sukzessive die zentralen Steuerungsinstrumente im GKV-Arzneimittelmarkt gestärkt hat und damit eine strukturelle Verschiebung von Handlungskompetenzen ausgelöst hat. Die Entscheidungskompetenz des Arztes bei der Wahl der Arzneimitteltherapie wurde damit zu Gunsten zentraler Steuerungsgremien verlagert. Exemplarisch steht dafür der Bedeutungszuwachs des Gemeinsamen Bundesausschusses (G-BA) bei der Entscheidungskompetenz Festbetragsgruppen von Arzneimittel festzulegen (Gesundheitsreformgesetz von 1989, GRG), Arzneimittelrichtlinien in nahezu allen Bereichen der ambulanten Behandlung zu erlassen (GKV-Modernisierungsgesetz von 2004, GMG) und neue Arzneimittel hinsichtlich eines Zusatznutzen zu bewerten. (Arzneimittelmarkt-Neuordnungs-Gesetz von 2011, AMNOG).

11 Vgl. Heinemann, C.: Organisierte Interessen – Nationale und europäische Arzneimittelregulierung in Deutschland und Großbritannien, 2006, S. 75 ff.

12 Vgl. Heinemann, C.: Organisierte Interessen – Nationale und europäische Arzneimittelregulierung in Deutschland und Großbritannien, 2006, S. 33.

13 Wachstum. Bildung. Zusammenhalt., Der Koalitionsvertrag zwischen CDU, CSU und FDP, 2009, S. 87.

Tab. 1: Steuerungsinstrumente des Arzneimittelmarkts

Quelle: Cassel/Wille, Weiterentwicklung des Gesundheitssystems und des Arzneimittelmarktes, 2008.

Ansatzpunkte **Akteure**	**Umsatz (Preis oder Menge)**	**Qualität und Umsatz**	**Qualität**
Pharmazeutische Hersteller	• Preismoratorium • Gesetzlicher Herstellerabschlag • Festbeträge • Zuzahlungsbefreiungsgrenzen • Höchstbeträge • *Rabattverträge*	• Kosten-Nutzen-Bewertung • Einschränkung/Ausschluss der Verordnungsfähigkeit nach Kosten-Nutzen-Berwertung (auch Patient)	• Nutzenbewertung
Großhandel	• Großhandelshöchstzuschläge		
Apotheke	• Apothekerspanne und Preisbindung • Gesetzlicher Apothekerabschlag • Importförderung • Naturalrabattverbot • Aut-idem-Regelung • *Auseinzelung*		
Arzt	• Ausgabevolumina mit Kollektivregress oder -boni • Zielvereinbarungen – Leitsubstanzquoten bzw. Analogpräparatquoten – Generikaquoten – Importförderung • Malus/Bonus bei (Nicht-) Erreichen der Wirtschaftlichkeitsziele	• Zweitmeinungsverfahren • Zielvereinbarungen – Zurückhaltende Verschreibung neuer Arzneimittel	• Teile der Arzneimittelrichtlinien (Leitlinien, Off-Label etc.)

Ansatzpunkte / Akteure	Umsatz (Preis oder Menge)	Qualität und Umsatz	Qualität
	• Arztgruppenspezifische Richtgrößen – Auffälligkeitsprüfungen, Praxisbesonderheiten, Beratung und Regress • Zufälligkeitsprüfungen • Preisvergleichsliste • Bonus-Malus-Regelung • Vorgaben bei Entlassungs-medikation • Dispensierverbot		
Patient	• Zuzahlungsregelung • Zuzahlungsbefreiung – ZZBG – Belastungsgrenze – Rabattverträge – Sonstige (DMP, Minderjährige, Versandhandel etc.) • Höchst- und Festbetragszahlungen	*Negativliste (auch Hersteller)*	

Wissenschaftliche Rationale liefert das Institut für Qualität und Wirtschaftlichkeit im Gesundheitswesen, IQWiG, (GKV-Modernisierungsgesetz von 2004, GMG) für relevante arzneimittelpolitische Entscheidungen des G-BA. Bewertungen des IQWiG sind von grundsätzlicher Bedeutung für innovative Arzneimittel, da sie Grundlage dafür bieten können, zu welchem Preis innovative Arzneimittel verfügbar sind (frühe Nutzenbewertung) oder ob sie für Patienten überhaupt zugänglich sind (Therapiehinweis, Ausschluss).

4 Zentrale Regulierungsinstrumente für innovative Arzneimittel

Ein Mix an unterschiedlichen Steuerungsinstrumenten konstituiert den regulatorischen Rahmen für patentgeschützte Arzneimittel. Der politische Begründungszusammenhang dafür leitet sich aus einem quasi überparteilichen Konsens ab, der pharmapolitische Eingriffe mit der systembedingten Notwendigkeit der Erzielung von Wirtschaftlichkeits- und Effizienzaspekten begründet. Eine numerische Bestandsaufnahme vermag den Beleg hierfür zu geben, denn von der Vielzahl der Regulierungsinstrumente gelten „allein 16 ausschließlich oder überwiegend der Ausgabendämpfung im GKV-Arzneimittelmarkt".[14] Aus pharmapolitischer Sicht stellt sich dabei die Frage, inwiefern sich diese Instrumente dabei an gesamtwirtschaftlichen Zielen und ordnungspolitischen Leitbildern orientieren. Eingedenk des Eingangs skizzierten Spannungsverhältnisses zwischen Sozial- und Wirtschaftspolitik im Politikfeld Arzneimittel sowie der weiter oben konstatierten unvollkommenen Marktsituation im patentgeschützten Segment, geht die nachfolgende Darstellung von der Hypothese aus, dass auch die Gesundheitspolitik nicht im ordnungspolitisch leeren Raum agiert und sich im Falle notwendiger Regulierung an marktkonformen Steuerungselementen orientiert. Dies bedeutet: Preismechanismus und Vertragsfreiheit der Marktteilnehmer dürfen nur so weit wie nötig beschränkt werden. Die analytische Perspektive soll dabei auf den innovationsfördernden oder -hemmenden Aspekt der dargestellten Regulierungsinstrumente zugespitzt werden. Konkret geprüft werden dabei die Dimensionen:

- Handlungs- und Verfügungsrechte des regulierten Unternehmens.
- Investitionssicherheit und Berechenbarkeit von Regulierungseingriffen.
- Objektiv feststellbare und nachvollziehbare Kriterien.[15]

Die folgende Betrachtung konzentriert sich dabei auf Steuerungselemente, die primär an der Preiskomponente ansetzen. Zum einen legitimiert die Preiskomponente regelmäßig die politische Intervention in den Arzneimittelsektor (vgl. hierzu „3. Institutionelle Rahmenbedingungen für

14 Cassel, D. / Wille, E.: Vertragswettbewerbliche Steuerung der Arzneimittelversorgung, Wirtschaftsdienst, 2006, S. 627.

15 Burr, W. / Musil, A.: Institutionelle Rahmenbedingungen als Unterstützungs- und Hemmfaktoren für Innovationen im Gesundheitswesen – am Beispiel der Pharmaindustrie, Vortrag auf der 5. Fachtagung der Kommission für Technologie- und Innovationsmanagement, München, 2003.

innovative Arzneimittel" in dieser Darstellung), zum anderen führt ein direkter oder indirekter Lenkungseingriff in die Preisbildung von Arzneimitteln zu einer signifikant veränderten Handlungsweise der Marktteilnehmer.

4.1 Zwangsrabatt

Das Beitragssatzsicherungsgesetz (BSSichG) führt 2003 erstmalig einen so genannten „Herstellerrabatt" an die GKV in Höhe von 6 Prozent für alle nicht-festbetragsgeregelten, also patentgeschützten Arzneimittel ein. Bereits mit dem GKV-Modernisierungsgesetz (GMG) im Folgenden Jahr erfolgt eine befristete Erhöhung des Herstellerrabatts von 6 Prozent auf 16 Prozent; dies bis 31.12.2004. Verbunden ist diese Maßnahme mit einem Preismoratorium, das ebenfalls bis 31.12.2004 gilt. Das Arzneimittelversorgungs-Wirtschaftlichkeitsgesetz (AVWG) von 2006 verfügt ein zweijähriges Preismoratorium von April desselben Jahres bis März 2008. Zuletzt erfolgt mit dem GKV-Änderungsgesetz (GKV-ÄG) im August 2010 erneut eine Erhöhung des Herstellerrabatts auf 16 Prozent sowie ein ab 2009 rückwirkend gültiges Preismoratorium bis Ende 2013; im Arzneimittelmarktneuordnungsgesetz (AMNOG) von 2011 wird auch das Private Krankenversicherungssystem (PKV) in die Arzneimittelpreisbildungssystematik der GKV mit einbezogen und der Bezugsrahmen der Zwangsrabatts auf den privaten Versicherungsmarkt ausgedehnt. Die im § 130a SGB V normierten Zwangsabschläge sind gesetzlich verordnete Preissenkungen um einen bestimmten Prozentsatz, den die Arzneimittelhersteller der GKV und PKV vom jeweiligen Abgabepreis erlassen müssen. Das Preismoratorium verpflichtet den Hersteller zum Einfrieren des Preisniveaus seiner Produkte für einen bestimmten Zeitraum. „Während Zwangsabschläge den effektiv von der GKV [und PKV, Anmerkung der Autoren] bzw. vom Hersteller zu erwirtschaftenden Preis reduzieren, frieren Preismoratorien diesen entsprechend ein. Preiserhöhungen finden somit nicht statt bzw. werden durch die Krankenkassen abgeschöpft."[16] Zwangsrabatte sind in Verbindung mit Preismoratorien Steuerungselemente, die vorrangig das fiskalische Ziel einer Ausgabendämpfung verfolgen. Sie sind in der Lage, kurzfristige Einspareffekte zu generieren. Die Häufigkeit der eingesetzten Maßnahmen spricht für ihre Kosteneffektivität. Allerdings – und darauf sei an dieser Stelle besonders hinzuweisen – sind auch andere Steuerungselemente geeignet, Wirtschaftlichkeitseffekte zu erzielen. Aus ordnungspolitischer Perspektive

16 Bauer, C. / May, U.: Regulierungsinstrumente in der GKV-Arzneimittelversorgung. Stuttgart, 2011, S. 53.

kollidieren Steuerungsinstrumente wie Zwangsrabatt und Preismoratorium mit den Prinzipien des wirtschaftspolitischen Leitbildes der sozialen Marktwirtschaft. So stellt diese explizit das gesellschafts- und wirtschaftspolitische Leitbild einer „Wettbewerbswirtschaft"[17] in den Mittelpunkt. Eingriffe in die Preisbildungspolitik von Herstellern stellen vor diesem Hintergrund einen unmittelbaren, stark dirigistischen Eingriff dar. Auch aus Property-Rights-Aspekten greifen die genannten Instrumente direkt in die Veräußerungsrechte der Unternehmen ein, da nur dem Patenthalter das Recht zusteht, Recht, Gewinne oder Verluste aus dem patentierten Wirkstoff und dem auf seiner Grundlage entwickelten Arzneimittel zu entziehen.[18] Zwangsrabatte bestrafen innovative, forschende Arzneimittelhersteller besonders, da so genannte radikale Innovationen („Solisten") wie auch Schrittinnovationen („Analogpräparate") davon gleichermaßen betroffen sind. Insgesamt setzt die undifferenzierte Wirkung der Abschläge auf alle Präparate nachhaltig negative Innovationsanreize für forschende Arzneimittelhersteller.[19] Im Ergebnis sind Zwangsrabatte – auch und vor allem in Verbindung mit Preismoratorien – im ordnungspolitischen Kontext klar abzulehnen. Aus innovationspolitischer Sicht setzen sie einen dezidiert falschen Anreiz, da sie – sofern nur im patentgeschützten Segment angewendet – die Unternehmen bestrafen, die besonders innovativ sind und deren Arzneimittelportfolio überwiegend im patentgeschützten Bereich angesiedelt ist. Kurzfristig sind die Instrumente sicherlich geeignet, das GKV-System zu stabilisieren; mittel- bis langfristig können sie jedoch eine Versorgungsstruktur im Arzneimittelbereich befördern, in der der Anteil innovativer Arzneimittel rückläufig ist.

4.2 Festbetragsregelung

So genannte Festbeträge für Arznei-, Verband- und Hilfsmittel werden erstmalig mit dem Gesundheitsreformgesetz (GRG) 1989 eingeführt und zählen seitdem zum wichtigsten Instrument der indirekten Preisregulierung. Die Regelung zielte zunächst auf den patentfreien, generischen Markt ab. Nach § 35 SGB V können Festbetragsgruppen gebildet werden

17 Müller-Armack, A.: Wirtschaftsordnung und Wirtschaftpolitik. Bern 1976, S. 245.

18 Vgl. Burr, W. / Musil, A.: Institutionelle Rahmenbedingungen als Unterstützungs- und Hemmfaktoren für Innovationen im Gesundheitswesen – am Beispiel der Pharmaindustrie, Vortrag auf der 5. Fachtagung der Kommission für Technologie- und Innovationsmanagement, München, 2003.

19 Vgl. hierzu Wasem, J. et al.: Regulierung des Markts für verschreibungspflichtige Arzneimittel im internationalen Vergleich. Baden-Baden, 2005, S. 47 ff.

für Präparate mit denselben Wirkstoffen, mit pharmakologisch-therapeutisch vergleichbaren Wirkstoffen oder mit pharmakologisch-therapeutischen Wirkstoffen vergleichbarer Wirkung zusammengefasst werden. Eine Rationale zur Implementierung von Festbeträgen ist insbesondere dann gegeben, „wenn für mehrere Arzneimittel generische und/oder therapeutische Substitute zu sehr unterschiedlichen Preisen existieren."[20] Für die GKV bedeutet dies, dass sie die Kosten für ein bestimmtes Arzneimittel nur bis zu einem bestimmten Festbetrag übernehmen. Für die in eine Festbetragsgruppe eingeschlossenen Arzneimittel gelten so Erstattungsobergrenzen. Das GKV-Modernisierungsgesetz (GMG) von 2004 dehnt die Festbetragsregelung auch auf den patentgeschützten Bereich aus. Nunmehr besteht die Möglichkeit, für patentgeschützte Arzneimittel so genannte „Jumbogruppen" der Stufen 2 und 3 aus patentfreien und patentgeschützten Arzneimitteln zu bilden. § 35 Abs. 1a SGB V legt dafür einschränkend fest, dass mindestens drei Arzneimittel in der jeweiligen Gruppe verfügbar sind und dass keine patentgeschützten Arzneimittel einbezogen werden dürfen, die eine therapeutische Verbesserung darstellen. Das Preisniveau dieser Festbetragsgruppen aus patentfreien und patentgeschätzten Arzneimitteln orientiert sich am niedrigen Preisniveau der patentfreien Wirkstoffe. Die Einbeziehung patentgeschützter Arzneimittel stellt aus preispolitischer Sicht einen Paradigmenwechsel dar, da nunmehr erstmalig auf Anbieterseite preisregulatorische Maßnahmen implementiert werden und die indirekten Steuerungselemente auf Nachfragerseite ergänzen. Das GKV-Wettbewerbsstärkungsgesetz (GKV-WSG) hebt 2007 die in § 35 SGB V normierten Ausnahmetatbestände für innovative Arzneimittel auf: Die Regel, dass patentierte Arzneimittel mit neuartiger Wirkungsweise oder therapeutischer Verbesserung von der Festbetragsregelung ausgenommen sind, gilt nun nicht mehr. Vielmehr werden diese einer Höchsterstattungsregelung unterworfen; Berechnungsgrundlage hierfür bildet die Kosten-Nutzen-Bewertung des Instituts für Qualität und Wirtschaftlichkeit im Gesundheitswesen. Der bis dato freie Markt für Arzneimittelinnovationen erfährt durch diese steuerungspolitische Intervention eine „preisliche Deckelung" sowie eine „indirekte Preisregulierung"[21]. Auch wenn der Markteingriff indirekt erfolgt, ist zu diskutieren, inwiefern hier eine Verletzung ordnungspolitischer Prinzipien gegeben ist. Gleichzeitig können aber auch eine Regulierungsmaßnahme wie Erstattungshöchstbeträge vor dem Hintergrund eines wettbwerblichen Leitbilds legitim sein, sofern ein marktkonformes Ergebnis, i. S. v. funktionierender Wettbewerb erreicht wird. Mit Blick auf die patentgeschützten Arzneimit-

20 Wasem, J. et al.: Steuerung des Arzneimittelmarktes im internationalen Vergleich. Wirtschaftsdienst, 2006, S. 633.

21 Bungenstock, J.: Gesundheitsreform: Mehr Wettbewerb auf dem Arzneimittelmarkt? Wirtschaftsdienst 2007, S. 682.

tel ist dabei insbesondere die Einordnung patentgeschützter Arzneimittel „ohne Zusatznutzen" in eine Festbetragsgruppe auf Basis diskussionswürdiger methodischer Standards kritisch zu bewerten. Die innovationspolitische Analyse hingegen ergibt ein klareres Bild: So kann vor allem die Perspektive auf zu niedrige Erstattungshöchstbeträge den Anreiz senken, innovative Arzneimittel überhaupt in den Markt einzuführen. Im Ergebnis ist für einen maßvollen Einsatz des Instruments der Festbeträge im patentgeschützten Segment zu plädieren. In diesem Zusammenhang sei daran erinnert, unter welcher Prämisse patentgeschützte Präparate in das Festbetragssystem einbezogen wurden. So sollten Entscheidungen an der Stelle „so sensibel" vorgenommen werden, „dass der wirtschaftliche Aspekt nicht zu kurz kommt".[22]

4.3 Frühe Nutzenbewertung

Das Arzneimittelmarktneuordnungsgesetz (AMNOG) aus 2011 wird allgemein als ordnungspolitische Wende in der deutschen Arzneimittelregulierung bezeichnet. Das AMNOG bricht erstmalig mit der bisherigen Steuerungslogik auf der Preisebene patentgeschützter Arzneimittel und verlangt für alle Arzneimittelinnovationen den Nachweis ihres Zusatznutzens im Vergleich zur Standardtherapie. Diese so genannte frühe Nutzenbewertung wird zentral durch den Gemeinsamen Bundesausschuss, G-BA und Institut für Qualität und Wirtschaftlichkeit im Arzneimittelwesen, IQWiG, durchgeführt, die Verhandlungen über den Erstattungsbetrag erfolgen zentral zwischen dem Hersteller und dem Spitzenverband Bund der gesetzlichen Krankenkassen, GKV-SV. Prinzipiell bleibt in der AMNOG-Systematik der Zugang für innovative Arzneimittel zunächst ohne Einschränkung und patentgeschützte Arzneimittel sind wie bisher auch direkt nach ihrer Zulassung und In-Verkehr-bringen erstattungsfähig. Allerdings nur für ein Jahr, denn dann greift die auf Grundlage des Ausmaßes des Zusatznutzens ermittelte neue Erstattungssystematik nach § 35a SGB V: Arzneimittel-Innovationen ohne festgestellten Zusatznutzen erfahren die Zuordnung in eine Festbetragsgruppe der Stufe 2 (vergleichbarer Wirkstoff) und werden künftig mit dem jeweils geltenden Erstattungsbetrag erstattet. Ist die Bildung einer Festbetragsgruppe nicht möglich, soll eine Erstattung auf Grundlage der Jahrestherapiekosten der Vergleichstherapie erfolgen. Für innovative Arzneimittel hingegen mit anerkanntem Zusatznutzen (und damit ohne vergleichbare Therapiealternative) muss der Hersteller einen für GKV und PKV glei-

22 Anonymous: „Arzneimittelpolitik – ohne Kompaß auf Sparkurs. In: Die Ärzte Zeitung, 20.7.2007.

chermaßen geltenden Rabatt auf den Herstellerabgabepreis verhandeln. Der daraus sich ergebende Erstattungsbetrag gilt für alle Kassen ab dem 13. Monat nach Markteintritt des Arzneimittels. Das AMNOG gibt in diesem Zusammenhang das erst im GKV-WSG 2007 eingeführte Konzept der Erstattungshöchstbeträge (siehe Ausführung weiter oben) zu Gunsten eines einheitlichen Erstattungsbetrages für festbetragsfreie Arzneimittel wieder auf. Aus ordnungspolitischer Sicht vermag die frühe Nutzenbewertung für innovative Arzneimittel vor dem steuerungspolitischen Leitbild eines „soweit wie nötig" den vielfach skizzierten Widerspruch zwischen Sozial- und Wirtschaftspolitik aufzuheben. Sie trägt einerseits den versorgungspolitischen Notwendigkeit Rechnung, dass in ein System der begrenzten finanziellen Ressourcen auch nur solche Innovationen Zugang finden sollten, die eine tatsächlich messbare Verbesserung zur bisherigen Standardtherapie vorweisen können. Andererseits „belohnt" sie prinzipiell die Hersteller für echte Innovationen und ist in diesem Zusammenhang „eine brauchbare und unverzichtbare Grundlage, auf der sich eine Erstattungsregelung aufbauen lässt, die unter den besonderen Bedingungen der GKV das ökonomische Grundprinzip „money for value" auch auf patentgeschützte Präparate anwendbar macht und dabei die Fallstricke einer zentralen Kosten-Nutzen-Bewertung mit ihrem impliziten Rationierungsansatz umgeht"[23] Gleichwohl muss an dieser Stelle ebenso auf die ordnungspolitischen Defizite des vorliegenden Konzepts der frühen Nutzenbewertung hingewiesen werden: so stehen zwangsweise vereinbarte Einheitsrabatte im Widerspruch zum marktwirtschaftlichen Leitbild einer „Wettbewerbswirtschaft" (siehe weiter oben). Das Preisszenario einer Erstattung auf Basis der Vergleichstherapie – und damit unter Umständen auf dem niedrigpreisigen Generikaniveau – greift erheblich in die Prinzipien des freien Marktzugangs und der Preisbildung ein. Ob das AMNOG mit Blick auf innovative Arzneimittel die richtigen Anreize setzt, bleibt noch offen. So hat es der Gesetzgeber bewusst unterlassen, für besonders innovative Arzneimittel, so genannte therapeutische Solisten, die ohne vergleichbare Therapiealternative sind und einen anerkannten Zusatznutzen vorweisen können, mit dem vollen Herstellerabgabepreis zu erstatten. Die vorgesehene Erstattungslogik, nach der nicht festbetragsfähige Arzneimittel ohne Zusatznutzen auf Grundlage vergleichbarer Bestandspräparate eingepreist werden sollen, kann die Innovationsdynamik im Bereich der schrittweisen Weiterentwicklung innovativer Arzneimittel bremsen. Fraglich wäre dann, in welchem Umfang Arzneimittel verfügbar sind, die aus Patientenperspektive unerlässlich sind, da sie signifikante Weiterentwicklungen bspw. im Bereich der Nebenwirkungen generieren.

23 Cassel. D.: Arzneimittel-Innovationen im Visier der Kostendämpfungspolitik, GGW, Heft 1, 2011, S. 21.

5 Ordnungspolitisches Leitbild für Innovationen im Arzneimittelmarkt

Das arzneimittelpolitische Fazit über den regulatorischen Zustand innovativer Präparate muss ambivalent ausfallen. Auf ordnungspolitischer Ebene sind Fortschritte erkennbar, die auf einen nachhaltigeren und zielgerichteten Einsatz steuerungspolitischer Instrumente hinweisen. Das AMNOG und die darin normierte frühe Nutzenbewertung sind hierfür sicherlich wegweisend. Gleichzeitig haben sich jedoch auch steuerungspolitische Instrumente etabliert, die mit Blick auf ihre Wirkung undifferenziert, fiskalisch willkürlich und sehr weitgehend in die Veräußerungsrechte der Hersteller eingreifen. Zwangsrabatte und Preismoratorien sind hierfür symptomatisch. Problematisch erscheint auch der institutionelle Kontext, in dem die vom Gesetzgeber intendierten Steuerungswirkungen konkretisiert und umgesetzt werden. So ist der Gemeinsame Bundesausschuss, G-BA, gemeinsam mit dem Institut für Qualität und Wirtschaftlichkeit im Gesundheitswesen, IQWiG, als „kleiner Gesetzgeber" mit weit reichenden Kompetenzen ausgestattet, ohne dabei demokratischen Grundprinzipien wie Transparenz, Legitimation und Beteiligung vollumfänglich gerecht werden zu müssen. Mit Blick auf die Bewertung von Arzneimittelinnovationen dominieren in G-BA und IQWiG qua korporatistischer Verfasstheit die Perspektive der GKV; Entscheidungen über den Nutzen von Innovationen im Arzneimittelmarkt werden in einem Kontext getroffen, in dem G-BA und IQWiG über ein Bewertungs- und Entscheidungsmonopol verfügen. Bewertungen, die in einem solchen Umfeld entstehen, sind demnach immer eindimensional und lassen eine gesamtwirtschaftlich umfassende Perspektive vermissen. Eine Diskrepanz ist auch in Bezug auf das politische Bekenntnis zu einer innovativen Arzneimittelversorgung und steuerungspolitischen Mechanismen festzustellen. Das deutsche Regulierungssystem erfüllt insbesondere mit Blick auf Arzneimittelinnovationen keine der der weiter oben skizzierten Anforderungen an ein innovationsförderndes Regulierungssystem: die eingesetzten Steuerungselemente greifen sehr weitgehend in die Preisgestaltungsfreiheit der Hersteller ein, Preissenkungen in Form von Zwangsrabatten und Preismoratorien erfolgen in der Regel ad-hoc, eine regelgebundene, für einige Jahre im Vorhinein festgelegte Preisdeckelung gibt es auch mit der Einführung des AMNOG nicht. Will man, sprich der Gesetzgeber, den Anforderungen an ein innovationsförderndes Regulierungssystem gerecht werden, so braucht es eine Verständigung darüber, in welchem Umfang Innovationen überhaupt zur Regelversorgung in der gesetzlichen Krankenversicherung gehören sollen. Fazit: Will man eine konsistente nachhaltige Arzneimittelregulierung in Deutschland, dann muss die Einhaltung ordnungspolitischer Mindeststandards integraler Bestandteil gesundheitspolitischer Steuerungsprinzipien werden. Das heißt: möglichst geringe Eingriffe in die Handlungs- und Verfügungsrechte der Unternehmen, Investitionssicherheit und eine Preisregulierung, die sich an klaren, objektiven nachvollziehbaren Kriterien orientiert. Soll die „normative Kraft des Faktischen" in der Arzneimittelpolitik durchbrochen werden, so gelingt dies nur durch eine stärkere normative Verankerung im Rahmen des SGB V einerseits; andererseits müssen überflüssige Regulierungsinstrumente reduziert werden. Das AMNOG stellt hierfür einen ordnungspolitisch adäquaten Rahmen zur Verfügung. Perspektivisch sollte es im Sinne eines „lernenden Systems" – anlog zum DRG-System für den Krankenhaussektor – weiterentwickelt werden.

Literatur

Alfred Müller-Armack: Wirtschaftsordnung und Wirtschaftpolitik. Bern 1976.

Anonymous: „Arzneimittelpolitik – ohne Kompass auf Sparkurs. In: Die Ärzte Zeitung, 20.7.2007.

Christoph Heinemann: Organisierte Interessen – Nationale und europäische Arzneimittelregulierung in Deutschland und Großbritannien, 2006.

Cosima Bauer/Uwe May: Regulierungsinstrumente in der GKV-Arzneimittelversorgung. Stuttgart, 2011.

Dieter Cassel: Arzneimittel-Innovationen im Visier der Kostendämpfungspolitik, GGW, Heft 1, 2011.

Dieter Cassel/Eberhard Wille: Vertragswettbewerbliche Steuerung der Arzneimittelversorgung, Wirtschaftsdienst, 2006.

Entwurf eines Gesetzes zur Neuordnung des Arzneimittelmarktes in der Gesetzlichen Krankenversicherung (Arzneimittelmarktneuordnungsgesetz – AMNOG), Gesetzentwurf der Bundesregierung, 1. Oktober 2012; abgerufen unter URL: http://www.bundestag.de/bundestag/ausschuesse17/a14/be_b/Dokumente/05BT-Drs__17 – 3116_vom_01_10_2010.pdf.

Frank E. Münnich: Ein Markt ohne Zukunft. In: Wirtschaftsdienst 2006.

Gutachten 2003 des Sachverständigenrates für die Konzertierte Aktion im Gesundheitswesen; abgerufen unter URL: http://dip21.bundestag.de/dip21/btd/15/005/1500530.pdf.

Gutachten 2009 des Sachverständigenrates zur Begutachtung der Entwicklung im Gesundheitswesen.

Jan Bungenstock: Gesundheitsreform: Mehr Wettbewerb auf dem Arzneimittelmarkt? Wirtschaftsdienst 2007.

Jürgen Wasem et al.: Regulierung des Markts für verschreibungspflichtige Arzneimittel im internationalen Vergleich. Baden-Baden, 2005.

Jürgen Wasem et al.: Steuerung des Arzneimittelmarktes im internationalen Vergleich. Wirtschaftsdienst, 2006.

Klaus-Dirk Henke (u. a.): Erstellung eines Satellitenkontos für die Gesundheitswirtschaft in Deutschland, Forschungsprojekt im Auftrag des Bundesministeriums für Wirtschaft und Technologie (BMWi), 2009; abgerufen unter URL: http://www.bmwi.de.

Ulrich Schwabe, Dieter Paffrath (Hrsg.): Arzneiverordnungs-Report 2011, 2011.

Verband der Forschenden Arzneimittelhersteller: Entwicklung des GKV-Arzneimittelmarktes, 2010.

Wachstum. Bildung. Zusammenhalt., Der Koalitionsvertrag zwischen CDU, CSU und FDP, 2009, S. 87.

Wolfgang Burr/Antje Musil: Institutionelle Rahmenbedingungen als Unterstützungs- und Hemmfaktoren für Innovationen im Gesundheitswesen – am Beispiel der Pharmaindustrie, Vortrag auf der 5. Fachtagung der Kommission für Technologie- und Innovationsmanagement, München, 2003.

Co-Management von Mitarbeitervertretungen

Katharina Ries-Heidtke

Abstract: Nur der unbedingte Wille des Arbeitsgebers zur Kooperation schafft den Raum, in dem eine strategische Partnerschaft beginnen kann. Der Prozess selbst ist ein hochkomplexes Austarieren unterschiedlicher Interessen. Verlässlichkeit und Vertrauen sind dabei unverzichtbar und müssen stets neu erkämpft werden. Dabei können Berater helfen, dabei spielt Zeit eine bedeutende Rolle. Zeit, Strategien zu überdenken und Kräfte zu sammeln. Denn der Prozess verlangt von allen Akteuren – Arbeitgebern, ArbeitnehmervertreterInnen, Gewerkschaften und Beratern – eine hohe soziale Kompetenz. Fordernd und spannend ist er allemal.

1 Vorwort

Ich bin eine große Anhängerin der öffentlichen Daseinsvorsorge. „Gesundheit ist keine Ware" – das ist für mich kein Slogan. Sondern ein Satz, der meine Überzeugung widerspiegelt und für mich als Bekenntnis zu dieser gesellschaftlichen Grundhaltung seine Berechtigung hat.

Daher bedanke ich mich ausdrücklich für die Möglichkeit, in diesem Buch meine Gedanken und Erfahrungen zur Betriebsratsarbeit präsentieren zu dürfen.

Ich habe als Interessensvertretung (Personalratsvorsitzende eines Krankenhauses bis zur Gesamtbetriebs- und Konzernbetriebsratsvorsitzenden von mehreren großen Krankenhäusern und Tochterbetrieben) einen langen Weg vom Öffentlichen Dienst über einen Landesbetrieb (im Besitz der Stadt) hin zu einem privaten Gesundheitskonzern hinter mir. Ich habe in diesen unterschiedlichen Betriebsformen viel erlebt und immer gerne und mit großem Engagement gearbeitet.

Vielleicht habe ich gerade deshalb zu einigen Aussagen dieses Buches eine andere Meinung; das aber ist nicht wichtig für mein Thema. Co-Management einer Interessensvertretung ist meines Erachtens unabhängig von der Betriebsform, sie ist von anderen Voraussetzungen abhängig, dazu später mehr.

Ich selbst habe im Übrigen die produktivste Zeit von Co-Management mit einem Vorstandsvorsitzenden erlebt, der einer der Mitherausgeber dieses Buches ist.

2 Einleitung

Den Ausdruck Co-Management finde ich unglücklich. Er suggeriert, dass eine Interessensvertretung gemeinsam mit dem Arbeitgeber unternehmerische Entscheidungen treffen kann. Das aber wird nie der Fall sein. Daher bedauere ich, dass sich dieser Begriff etabliert hat. „Kooperation" oder „strategische Partnerschaft" – das halte ich für Begriffe, die diese Form der Arbeit von Interessensvertretungen zutreffend beschreiben.

Aber wie auch immer, unabhängig von der Begrifflichkeit – darüber ein Kapitel zu schreiben oder diese Form der Interessensvertretung zu betreiben und zu leben: Beides ist riskant!

Kaum eine Interessensvertretung (gemeint ist immer Personalrat, Betriebsrat, Mitarbeitervertretung; der Einfachheit halber verwende ich „Betriebsrat") würde von sich behaupten, Co-Manager/in zu sein, Kooperation mit dem Arbeitgeber zu betreiben. Denn das impliziert Nähe zum Management und zugleich Entfernung von seinen Wählern, den Beschäftigten.

Ein Grund dafür ist sicherlich, dass diese Form der Betriebsratsarbeit häufig mit Willfährigkeit des Betriebsrates „verwechselt" wird. Dies übrigens gerne von beiden Seiten, Arbeitgeber und Arbeitnehmer – allerdings mit unterschiedlichen Interessen.

Die eine Seite lobt, die andere Seite stigmatisiert, beides kann dazu führen, den jeweiligen Betriebsrat in die Isolation zu führen. Davon hätte auch der Arbeitgeber gar nichts! (Ob er das weiß?)

Ich meine, dass eine gute Kooperation, eine echte strategische Partnerschaft, zwischen Vertretern des Arbeitgebers und der Arbeitnehmer die Interessen der Beschäftigten am besten wahrnimmt. Sie sichert Arbeitsplätze. Und Wettbewerbsvorteile gegenüber anderen Betrieben werden genutzt. Eine positive Betriebsentwicklung ist das Ergebnis. Und das kann für den ganzen Betrieb und seine Beschäftigten ein Erfolg sein!

Eine strategische Partnerschaft kann allerdings nicht verordnet oder angeordnet werden. Das gelingt nicht, selbst wenn beide Seiten es wollen.

Eine echte Kooperation ist das Ergebnis eines Prozesses, in dessen Verlauf beide Seiten viel Engagement, Flexibilität und Lernbereitschaft aufbringen müssen. Dieser Prozess braucht Zeit. Und eine Bedingung muss erfüllt sein, denn sonst wird nichts gelingen:

Der Arbeitgeber muss es wollen!

Die Einstellung und Haltung des Arbeitgebers ist entscheidend. Ohne eine partizipative Grundhaltung des Arbeitgebers kann keine Kooperation entstehen. Er muss davon überzeugt sein, dass die Beschäftigten des Betriebs dessen eigentliches Kapital sind. Er muss diese Beschäftigten wertschätzen, sie selbstbewusst und motiviert tätig sehen wollen.

Dazu braucht er auf seiner Ebene ein starkes Gegengewicht – eben einen starken Betriebsrat!

Diese Erkenntnis allein reicht aber nicht aus. Die Beteiligungsstrukturen liegen üblicherweise nicht auf gleicher Augenhöhe. Der Arbeitgeber muss dem Betriebsrat daher die für seine Arbeit notwendigen Ressourcen und den notwendigen Raum für Gestaltung zur Verfügung stellen.

Und es kommen weitere Punkte dazu: für eine Kooperation mit dem Betriebsrat, also für ein zeitweiliges „Mittragen" der unternehmerischen Entscheidungen durch den Betriebsrat hat er zwei Bedingungen für den Betriebsrat, bzw. für seine Beschäftigten zu erfüllen: er muss Tarifbindung halten oder herstellen und er muss für eine soziale Absicherung der Kolleginnen und Kollegen im Betrieb sorgen. Diese „Zugeständnisse" des Arbeitgebers sind insbesondere in ökonomischen Krisensituationen zwingend notwendig. Das klingt paradox, es ist aber für den Betriebsrat tatsächlich existentiell um z. B. Rationalisierungsprojekte mit zu tragen und sie vor den Beschäftigten vertreten zu können.

Will der Arbeitgeber aber seinen Betriebsrat lieber „kleinhalten" und sich so gerademal – oder nicht mal das – an die gesetzlichen Vorgaben halten, dann produziert er Widerstand, jedenfalls bei einer selbstbewussten Interessensvertretung. Dieses Verhalten des Arbeitgebers setzt die Negativspirale in Gang, mit den bekannten Folgen: Geheimnistuerei und Non-Kommunikation, keine Verlässlichkeit, keine Transparenz über die Unternehmenspolitik, Misstrauen auf allen Ebenen.

Unter solchen Umständen ist von den Beschäftigten keinerlei Motivation mehr zu erwarten.

3 Kooperationsmodell

Ist der Arbeitgeber jedoch offen für eine Kooperation mit dem Betriebsrat, schafft die notwendigen Voraussetzungen und ist auch der Betriebsrat in der Lage und vor allem willens, eine solche Kooperation einzugehen, dann kann der Prozess der Kooperation beginnen.

Um Missverständnissen vorzubeugen: Höhen und Tiefen, Fort- und Rückschritte wird es immer geben, auch Verletzungen sind unvermeidbar.

Innerhalb dieses Prozesses haben beide Seiten Verbindlichkeit, Verlässlichkeit und Vertrauen zu lernen und zu leben – und zwar ständig und durchgehend, und nicht nur dann, wenn es gerade mal passt. Das Ziel muss sein, Augenhöhe herzustellen.

Verbindlich- und Verlässlichkeit lassen sich nur erreichen mit offener Kommunikation und Transparenz. Natürlich von beiden Seiten.

In meinem ersten Seminar zum Hamburger Personalvertretungsgesetz 1985 gab der damalige ÖTV-Teamer folgende Empfehlung: „Nicht mit geschlossenem Visier kämpfen! Wer dem Arbeitgeber mit offenem Visier gegenübertritt, ist berechenbarer und erreicht in der Regel mehr."

Ich habe diese Empfehlung angenommen, bin ihr in all den Jahren gefolgt und habe gute Erfahrungen damit gemacht.

Dem Wort muss nun auch das entsprechende Handeln folgen. Das setzt allerdings eine sehr enge Rückkopplung des BR-Vorsitzes (in der Regel kommuniziert ja der Vorsitz, oder eine kleine Abordnung des BR mit dem Arbeitgeber) mit seinem Gremium voraus.

Das ist überhaupt die wichtigste innerbetriebsrätliche Regel:

Der Vorsitz muss in all seinen Äußerungen und angedeuteten Entscheidungen immer sein Gremium hinter sich haben. Traut er sich weit raus, muss er in seinem Gremium Überzeugungsarbeit leisten, muss er um seine Position ringen. Gelingt ihm das nicht und bekommt er das Betriebsrats- Gremium nicht hinter sich, dann muss er einen Rückzieher gegenüber dem Arbeitgeber machen. Geschieht das häufiger, so wird er aus Arbeitgebersicht unberechenbar und die Verlässlichkeit nimmt Schaden.

Der Vorsitz muss also immer klug abwägen: Wie weit kann er gegenüber dem Arbeitgeber gehen? Wie erkämpft er sich gleichzeitig immer neue Akzeptanz in den eigenen Reihen? Das ist häufig kompliziert und verlangt gewachsenes Vertrauen zwischen dem Vorsitz und seinem Gremium.

Vertrauen zwischen dem Arbeitgeber und dem Betriebsrat bildet sich durch Verlässlichkeit und durch Regeln, die beidseitig einzuhalten sind.

Am Ende steht dann die Augenhöhe. Sie wird erreicht, wenn beide Seiten ehrlich agieren und einander wertschätzend begegnen.

Konflikte müssen benannt und auf sachlicher Ebene ausgetragen werden. Auch hier gilt der banale Satz: „Konfliktregeln, z. B. Betriebsvereinbarungen, helfen Konflikte zu regeln."

Sie setzen einen gemeinsam verabredeten Standard und verhindern damit Willkür auf beiden Seiten.

Zur Augenhöhe gehört auch, die Standpunkte der jeweils anderen Seite ernst zu nehmen – gerade wenn sie einem nicht passen – was ja meist zu Beginn der Fall ist.

Aber es geht eben bei der Kooperation gerade nicht darum, einander ständig zu zunicken: es geht nicht um Harmonie! Nein, es geht um die Anerkennung der jeweils anderen Rolle und des damit verbundenen Handelns. Letztendlich geht es um Einsicht und Bereitschaft. Einsicht in den Interessenkonflikt, der selbstverständlich existiert und Bereitschaft, damit konstruktiv umzugehen.

Manchmal erscheint es dabei gerade für den Betriebsrat schier unmöglich, die eigenen Ziele im Kopf, mit dem Arbeitgeber zu kooperieren, ohne die Eigenständigkeit und die Konfliktbereitschaft zu verlieren.

Genau das ist aber eine Grundvoraussetzung für den Betriebsrat, um ehrlich und authentisch vor seine Wähler und Wählerinnen, die Beschäftigten zu treten und dem Arbeitgeber gegenüber Stärke zu zeigen.

Deshalb ist es für den Betriebsrat auch zwingend notwendig, seine ursächliche Rolle, die Rolle der Schutzfunktion, einzunehmen und auszufüllen. Die Kolleginnen und Kollegen haben ja ihren Betriebsrat gewählt, damit er sie „beschützt".

Diese Schutzfunktion ist immer wieder auch gegen den Arbeitgeber durchzusetzen. Beispielsweise wenn er Beschwerden aus der Belegschaft aufnimmt und mit Hilfe Dritter, zum Beispiel dem Amt für Arbeitsschutz, bessere Arbeitsbedingungen durchsetzt. Oder wenn sich der Betriebsrat mit Hilfe eines Gerichtsverfahren gegen eine Arbeitgeberentscheidung durchsetzt.

Zu einer funktionierenden Kooperation gehört, dass der Arbeitgeber dem Betriebsrat diese Rolle der Schutzfunktion zugesteht und sie achtet.

Diese Rolle als Konkurrenz zu sehen, würde der Kooperation schaden. Das Pendant zur Schutzfunktion des Betriebsrats ist beim Arbeitgeber die unternehmerische Entscheidung. Auch die würde sich kein Arbeitgeber, und sei er noch so kooperativ, absprechen lassen. Auch die Option der unternehmerischen Entscheidung ist keine Konkurrenz zur Kooperation zwischen Arbeitgeber und Betriebsrat. Im Gegenteil, die engagierte Wahrnehmung der eigenen Rollen befruchtet eine Kooperation.

Ziel der Kooperation ist ja gerade, die eigenen Standpunkte zu vertreten und in den Verhandlungen dazu eine Kompromisslösung zu erarbeiten.

Eine so gelebte Kultur der Gleichberechtigung wird Win-Win Situationen, die gerade in krisenhaften Zeiten notwendig sind, zur Folge haben; beide Seiten sollten daran ein Interesse haben. Den Beschäftigten des Betriebes wird es als Motivation dienen. Sie können dadurch „aufrecht" durch den Betrieb gehen (ihr Betriebsrat tut dies ja auch) und „gerade" ihrer Arbeit nachgehen. Sie werden ernst genommen und wertgeschätzt – absolute Grundvoraussetzungen für ein gutes Ergebnis ihrer Arbeit.

Wenn also eine strategische Partnerschaft, ein kooperatives Modell von beiden Seiten mit all den schon genannten Bedingungen gewollt wird, dann muss sie in „guten" Zeiten beginnen und erlernt werden. Nur wer sich in ökonomisch unkritischen Zeiten eine solide Basis an Vertrauen und Augenhöhe verschafft, wird eine ökonomische Krise in einer Kooperation pragmatisch angehen können. Verletzungen, Misstrauen und Non-Kommunikation werden weniger Chancen haben sich durch zusetzen.

4 Rolle der Berater

Zwei weitere Akteure spielen bei der Kooperation eine wichtige Rolle: die Berater von Betriebsräten sowie die zuständige Gewerkschaft.

Zunächst zu den Beratern:

Berater von Betriebsräten werden in der Regel in einem Kooperationsmodell agieren, da sie ja vom Arbeitgeber bezahlt werden müssen.

Gemeint sind hier nicht Berater mit juristischem Sach- und Fachverstand, deren Einsatz unter bestimmten Umständen betriebsverfassungsrechtlich erzwungen werden kann.

Gemeint sind strategische Berater.

In großen Projekten, wie zum Beispiel bei Fusionen mehrerer Betriebsteile, Zentralisierungen einzelner Leistungen oder Ähnlichem, können Berater dem Betriebsrat sehr hilfreich zur Seite stehen. Sie verfügen über Kenntnisse in Personal- und Organisationsentwicklung, die ein Betriebsrat in solcher Weise gar nicht haben kann. Allerdings gilt es, hier sorgfältig abzuwägen und auszusuchen. Denn auf dem Markt tummeln sich viele Firmen, die sich auf die Beratung von Betriebsräten spezialisiert haben. Entscheidend ist die Kompetenz und Professionalität des Beraters. Zudem muss ein hohes Maß an Vertrauen hergestellt werden. Auch die Beschäftigten müssen Vertrauen in die Berater des Betriebsrates setzen können. Wenn da „graue Herren" im Hinterzimmer des Betriebsrates agieren, wird es nicht gelingen. Berater müssen also Nähe zu den Beschäftigten herstellen; sie müssen deren Sprache sprechen können. Betriebsversammlungen eignen sich sehr gut, um dies zu präsentieren.

Ist also eine Berater, oder eine Firma gefunden, die die Kriterien des Betriebsrates erfüllt, muss der Arbeitgeber aus zwei Gründen von der Erteilung eines solchen Auftrages überzeugt werden:

Erstens bezahlt er die Beratung des Betriebsrates (und das ist manchmal wirklich nicht wenig) und zweitens, das erscheint mir wichtiger, stärkt er sehr bewusst den Betriebsrat in seinen Meinungs- und Handlungsoptionen.

„Einfache Lösungen" sind seitens des Arbeitgebers nicht mehr durchzusetzen; er muss sich auf die gleiche professionelle Ebene begeben (wenn er es nicht schon ist), auf der nun der Betriebsrat argumentieren und agieren kann. Die Augenhöhe ist also wieder her gestellt. Die Sorgen und Ängste der Beschäftigten vor Veränderungen werden dadurch nicht vollkommen ausgeräumt, aber zumindest reduziert. Im besten Fall steigt die Akzeptanz für diese Veränderungsprozesse und die Beschäftigten selbst beteiligen sich in den Projekten daran.

Dafür braucht es aber Zeit!

Die Berater selber müssen auch ein hohes Standing haben: Sie müssen sowohl bedingungslos auf der Seite der Betriebsräte stehen als auch offen mit dem Arbeitgeber kommunizieren und ihn von eigenen, bzw. mit dem Betriebsrat erarbeiteten Vorschlägen, überzeugen können. Gelegentlich kommt ihnen auch die Aufgabe zu, dem Betriebsrat sich abzeichnende Kompromisslösungen näher zu bringen. Dabei muss der Berater sehr sorgfältig vorgehen. Wenn er zu druckvoll argumentiert, macht sich bei dem Betriebsrat selbstverständlich schnell ein Misstrauen breit und der Berater gerät in den Verdacht, verlängerter Arm des Arbeitgebers zu sein.

Letztendlich werden die Beschäftigten immer viel eher Lösungen akzeptieren, die unter Mitwirkung von Beratern erarbeitet wurden. Daher rechnet es sich für den Arbeitgeber, in Beratung zu investieren. Denn Demotivation und innere Widerstände der Beschäftigten werden Organisationsveränderungen verzögern und stören; damit ist auch ökonomisch nichts gewonnen.

5 Die Rolle der Gewerkschaft

Im Unterschied zu den Beratern ist die zuständige Gewerkschaft immer da – ob der Arbeitgeber das will oder nicht. Daher gehört die Gewerkschaft in ein Kooperationsmodell wie der Fisch ins Wasser. Sie hat aber in diesem Konglomerat eine besondere Rolle.

Klar ist, dass Betriebsrat und Gewerkschaft immer irgendwie zusammengehören und ich rede selbstverständlich hier von den DGB-Gewerkschaften – die inzwischen von den Arbeitgebern initiierten Gewerkschaften haben in diesem Thema überhaupt keinen Platz.

Unabhängig von der Arbeitsweise eines Betriebsrates, ist das Zusammengehörigkeitsgefühl und die entsprechende Zusammenarbeit zwischen Betriebsrat und Gewerkschaft mal eng und mal zweckgebunden; das hängt häufig von den Themen, aber auch von den Personen ab.

Ein Kooperationsmodell zwischen Betriebsrat und Arbeitgeber stellt besondere Anforderungen an den Betriebsrat und die Gewerkschaft in Bezug auf deren Zusammenarbeit.

Wenn die Themen dieser beiden Gruppen nicht sauber abgegrenzt und gleichzeitig in einem Zusammenspiel sind, wird sehr schnell eine Konkurrenz entstehen. Beide Seiten, Gewerkschaft und Betriebsrat (zur Rolle des Arbeitgebers später), haben ihre eigenen Themen mit dem Arbeitgeber. Klassische Aufgabe der Gewerkschaft ist die Tarifierung der Beschäftigten. Der Betriebsrat hingegen ist für die betrieblichen Belange zuständig. Selbstverständlich spielt der Betriebsrat auch eine große Rolle im Tarifgeschäft und die Gewerkschaft hat ebenfalls ihre Rolle im betrieblichen Geschehen außerhalb des Kooperationsmodells.

In einem Kooperationsmodell aber ist die Überschneidung viel größer und die gegenseitige Beratung – im Übrigen auch hier notwendigerweise auf Augenhöhe – ist umso wichtiger. Vertrauen zueinander und zu den jeweils eigenen Sachthemen ist an dieser Stelle zwingend, ebenso wie eine sehr enge Absprache. Gerade in diesem Punkt ist eine örtliche Nähe natürlich von immensem Vorteil; ist sie nicht vorhanden, muss es eine enge Kommunikation geben.

Wenn ein Arbeitgeber sich für ein Kooperationsmodell entschieden hat, wird er auch die Gewerkschaft als notwendige gesellschaftliche Kraft und als einen weiteren (Macht-) Faktor im Betrieb ansehen und anerkennen. Anders ist es kaum denkbar. Allerdings kann ein solcher „Schulterschluss" zwischen Betriebsrat und Gewerkschaft erst einmal bedrohlich auf ihn wirken.

Er kann dieser von ihm als bedrohlich empfundenen Situation entfliehen, indem er einen eigenen Kontakt zur Gewerkschaft knüpft. Dieser Kontakt darf allerdings keinesfalls als Koalition gegen den Betriebsrat ausgelegt werden. Also ist auch hier – in der Gewissheit, mich zu wiederholen – absolutes Fingerspitzengefühl gefragt. Offenheit zwischen den Gewerkschaftsvertretern und den Betriebsräten ist notwendig und muss selbstverständlich sein.

Letztendlich ist entscheidend, wie viel gewerkschaftlichen Einfluss der Betriebsrat zulassen will und wie viel Raum die Gewerkschaft dem Betriebsrat für reine betriebliche Angelegenheiten lässt. Ob ein ausbalanciertes Miteinander in diesem Sinne gelingt, ist vom jeweiligen Selbstbewusstsein der Akteure und ihrem Vertrauen zueinander abhängig – und von dem gemeinsamen Ziel, möglichst viel für die Beschäftigten zu erreichen.

Profilierungsgehabe und Konkurrenz helfen nicht, sie schaden dem Prozess.

6 Erfahrungsbericht

Nach der Theorie nun die Praxis. Meine persönlichen Erfahrungen, die ich auf dem Weg zum und in dem Kooperationsmodell gemacht habe. Ich hatte die große Chance, über Jahre in einer echten Kooperation mit dem Arbeitgeber zu arbeiten, mit all den bereits beschriebenen Voraussetzungen, Bedingungen und Facetten. Es waren beileibe keine Jahre voller Harmonie und der Weg dahin war äußerst steinig. Aber das gehört vielleicht dazu. Es dauert eben seine Zeit, bis beide Seiten erkennen: Gegeneinander erreichen wir gar nichts. Es muss anders werden, damit es besser wird.

Nachdem die Stadt Hamburg 1993 eine Veränderung der Rechtsform für unseren Krankenhausbetrieb ankündigt hatte, begann eine heftige Diskussion in allen Gremien. Alle Möglichkeiten einer neuen Rechtsform wurden abgewogen: von der Gesellschaft mit beschränkter Haftung über die Aktiengesellschaft bis hin zur Anstalt öffentlichen Rechts. Wir fragten uns: Was verändert sich in welcher Rechtsform für uns? Wo verlieren oder gewinnen wir Mitbestimmung? Welche Vor- und Nachteile hat welche Rechtsform für all die damals noch rund 15000 Beschäftigten?

Die Stadt Hamburg hatte damals eine starke Beteiligung der ÖTV an all diesen Diskussionen zugelassen und so kam als Kompromiss die Anstalt öffentlichen Rechts heraus.

In den zentralen Fragen für die Beschäftigten und ihre Personalräte ging die Stadt auf die Gewerkschaft zu: Eigentümerin war weiterhin zu 100 Prozent die Stadt; Tarifbedingungen wurden eins zu eins gehalten; ein paritätisch besetzter Aufsichtsrat sollte gegründet werden; das Hamburger Personalvertretungsgesetz hatte uneingeschränkte Geltung; dem damals in Urwahl (von 15 000 Kolleginnen und Kollegen) gewählten Gesamtpersonalrat war uneingeschränkter Fortbestand zugesichert.

Die Anstaltsgründung konnte beginnen. 1995 wurde sie vollzogen. Wenig später wurde der Aufsichtsrat gegründet. Er hatte umfangreiche Aufgaben, von denen sich die ArbeitnehmervertreterInnen eine Menge erhofften. Unter anderem dies: Vorstand beraten, Geschäftsführung überwachen, Entlastung des Vorstandes, Zustimmung zum Wirtschaftsplan. Die Interessensvertretungen der Arbeitnehmer erwarteten von diesem Konstrukt mehr Information, mehr Beteiligung und vor allem Möglichkeiten der Einflussnahme.

Wie das aber manchmal mit Erwartungen so ist: Nichts blieb übrig. Ganz im Gegenteil. Denn offensichtlich waren beide Seiten, Arbeitgeber und Arbeitnehmervertreter, vollkommen überfordert mit dem Prozess des Umdenkens in konstruktive und gestalterische Bahnen.

Es begann eine wirklich problembeladene Zeit für alle Beteiligten. Es gab unproduktive Streitereien um Mitbestimmung, es gab Auseinandersetzungen um zu viel oder zu wenig (je nach Interessenslage) Informationen, es gab unentwegt alle Arten von Tricksereien. Der Gesamtpersonalrat wurde ausgebootet, indem die örtlichen Personalräte für zuständig erklärt wurden, eine ernsthafte Vertretung der Beschäftigten akzeptierte der Vorstand zu diesem Zeitpunkt nicht – es drohte eine echte Eskalation.

Zum richtigen Zeitpunkt – noch in der Ruhe – besannen sich beide Seiten und rauften sich mit Hilfe einer externen Moderation zusammen. Gerade noch rechtzeitig! Auch dieser Prozess war natürlich kompliziert, soll hier jedoch nicht beschrieben werden. Nur ein gewiss ungewöhnliches Ergebnis sei hier erwähnt: Es wurde eine so genannte Strukturkommission ins Leben gerufen. Die Strukturkommission bestand aus Vorstandsmitgliedern des Betriebes, dem ÖTV-Vorsitzenden, der für den Bereich zuständigen Sekretärin und zwei betrieblichen Vertretern. Wie sich bald zeigen sollte, war dies eine weise Entscheidung.

Der Paukenschlag kam dann im Winter 1996. Das Ergebnis der Budgetverhandlungen mit den Krankenkassen bedeutete eine Absenkung des Budgets um mehr als 200 Millionen DM und zwar rückwirkend für das laufende Jahr und die beiden Folgejahre 1997 und 1998.

Die Reaktion des Vorstands und die darauffolgenden Planungen waren dann einschneidend für den ganzen Betrieb.

Verkündet wurden die geplante Schließung eines Krankenhauses sowie die Zusammenlegung zweier Krankenhäuser. Dazu war eine große Anzahl von Rationalisierungsprojekten in Planung. Der gesamte Betrieb mit seinen 15 000 Beschäftigten sollte komplett umgebaut werden, kein Stein auf dem anderen bleiben. Natürlich brachen heftige Diskussionen in allen Gremien los: im Aufsichtsrat, im Gesamtpersonalrat, in den örtlichen Betriebsräten und eben auch in der Strukturkommission.

Das Ergebnis eines sowohl heftigen Schlagabtausches, als auch zahlreicher sehr konstruktiver Diskussionen war auf Seiten der Arbeitgeber, sowie auch auf Arbeitnehmerseite eindeutig: „Das geht nur gemeinsam, das geht nicht gegeneinander."

Eine folgenreiche Feststellung. Beide Seiten waren nun gezwungen, bei aller Gemeinsamkeit und dem gemeinsamen Ziel, den Großbetrieb und seine Beschäftigten unter diesem Damoklesschwert der immensen notwenigen Einsparungen nicht untergehen zu lassen und dabei doch und gerade die jeweilige Eigenständigkeit zu behalten.

Die Interessensvertretungen erklärten sich bereit, die Umgestaltungen des Betriebs mit zu gestalten und sich an den Rationalisierungsprojekten zu beteiligen. Dafür hatte der Arbeitgeber für die soziale Absicherung der Beschäftigten zu sorgen, ein Tarifvertrag hatte Bestand und es gab seitens des Arbeitgebers keinerlei Absicht, diesen Vertrag anzufassen.

Für die soziale Absicherung der Beschäftigten wurden drei zentrale Rahmendienstvereinbarungen abgeschlossen. Auch das war ein längerer Prozess und die Verhandlungen waren äußerst schwierig und zum Teil sehr zäh.

Der Gesamtpersonalrat hatte strategische Berater auf seiner Seite und auch die handelnden Personen der Gewerkschaft, insbesondere der ÖTV-Vorsitzende, waren der betrieblichen Interessensvertretung eine große Hilfe. Durch das Agieren auf unterschiedlichen Ebenen (in der reinen Betriebswelt, in der Strukturkommission und auch im Aufsichtsrat) mit den unterschiedlich Beteiligten gelang es immer wieder, ein Scheitern der Verhandlungen abzuwenden und schließlich zu einem guten Ergebnis zu kommen. So konnte die für beide Seiten so wichtige win-win-Situation hergestellt werden.

Um deutlich zu machen, wieweit die soziale Absicherung und auch Einbindung der Beschäftigten ging, seien hier ein paar Stichpunkte aus den Rahmendienstvereinbarungen genannt: In der Rahmendienstvereinbarung „Externe Leistungserbringung" wurde vereinbart und geregelt, welche Informationen und Berechnungen eine Betriebsleitung seinem Personalrat zur Verfügung zu stellen hatte, wenn er plante, eine Leistung fremd zu vergeben. Das klassische Outsourcen, bis dahin die alleinige Entscheidung des Arbeitgebers ohne jegliches Beteiligungsrecht der Interessenvertretung, war reglementiert. Der zuständige Personalrat hatte das Recht zur Stellungnahme und bei einer Umsetzung der geplanten Maßnahme die Mitbestimmung zugesichert. Das war weit mehr, als das Hamburgische Personalvertretungsgesetz beinhaltete.

Die Rahmendienstvereinbarung „Beschäftigungssicherung“ war die eigentliche Absicherung für alle Kolleginnen und Kollegen schlechthin. Neben der Zusicherung, die Beschäftigten bei den geplanten Rationalisierungen zu informieren und zu beteiligen, der Einrichtung einer paritätisch besetzten Personalkommission für Ver- und Umsetzungen von Personal und anderen Zusicherungen, war dies der absolute Hauptpunkt: der Verzicht auf betriebsbedingte Kündigungen, nach zweimaliger Verlängerung bis Ende 2005.

Diese Zusicherung ging sogar über den Fortbestand der Anstalt öffentlichen Rechts hinaus und noch der folgende private Besitzer dieses Konzerns brüstete sich mit dieser Absicherung für die Beschäftigten – um dann allerdings fast im gleichen Atemzug die gesamte Vereinbarung zu kündigen.

Mithilfe dieser Vereinbarungen also (die dritte hieß „Informationstechnologie“), mit all diesen Versicherungen begab sich dann der Gesamtpersonalrat mit den örtlichen Personalräten in eine Vielzahl von Projekten, die die Zentralisierung zum Ziel hatten.

Zum Beispiel die Zusammenlegung der sieben Krankenpflegeschulen zu einem Bildungszentrum für Gesundheitsberufe, die Zusammenlegung aller Handwerkerleistungen (jedes Krankenhaus hatte noch seine Schlosserei, Tischlerei, Elektrik Abteilung etc.) zu einem Servicebetrieb Gebäudemanagement und die Zusammenlegung aller sieben Küchen zu einem Servicebetrieb Speisenversorgung.

Alle so genannten patientenfremden Leistungen, die bisher von jedem Krankenhaus einzeln vorgehalten wurden, kamen auf den Prüfstand und es folgte dann in der Regel eine Zentralisierung. Die Reinigungsleistungen und die Waschleistungen, also das „Waschhaus“, wurden jeweils in eine eigene GmbH ausgegliedert, allerdings in vollem Eigentum des Großbetriebes und bei finanziell dynamischem (an Tariferhöhungen teilnehmend) Besitzstand für die Beschäftigten.

Dass ein solcher Umbruch des gesamten Betriebes nicht reibungslos verlaufen kann, ist klar. Wegen der Vereinbarungen und Regelungen aber verlief dieser Umbau einigermaßen geordnet und ohne jegliche betriebsbedingte Kündigung wurden mehr als 3000 Arbeitsplätze eingespart.

Natürlich waren viele Beschäftigte unzufrieden. Sie mussten auf andere Arbeitsplätze wechseln, manche auch an einen anderen Arbeitsort. Aber die Beschäftigten waren existentiell abgesichert, sowohl finanziell als auch mit einem Arbeitsplatz. Weil dies die beste und einzig mögliche Lösung war, stellten sich Gesamtpersonalrat und Personalräte den Diskussionen mit den Beschäftigten; sie stellten sich auch der Kritik. Und mehr noch: Sie agierten immer wieder auch als Antreiber der Projekte.

Um nicht zwischen den immer neuen Anforderungen des Vorstandes und den Diskussionen mit den Beschäftigten zerrieben zu werden, hat sich der Gesamtpersonalrat mit seinen örtlichen Personalräten in dieser Zeit hin und wieder ein paar Tage zurückgezogen, um seine Strategie zu überprüfen und neu auszurichten. Das war enorm hilfreich. Nur so gelang es, erneut Stärke zu gewinnen und zu halten, Selbstzweifel auszuräumen und den Überblick zu behalten. Die Interessen der Beschäftigten gerieten dabei nie aus dem Blick.

Entscheidend waren dabei auch die Berater und die Vertreter und Vertreterinnen der zuständigen Gewerkschaft. Sie leisteten große, unverzichtbare Unterstützung. Die wichtigste Erkenntnis aus diesem über mehrere Jahre andauernden Prozess war und ist: Alle am Prozess Beteiligten müssen ein Ziel verfolgen. Unser Ziel war klar: Rationalisierungen sollten sozialverträglich durchgesetzt werden und der Betrieb musste wieder gut aufgestellt werden, um sichere Arbeitsplätze für alle Kolleginnen und Kollegen zu schaffen.

Meines Erachtens ist das gelungen. Wer jetzt, vielleicht stirnrunzelnd, an die 2005 erfolgte Privatisierung des Betriebes denkt, dem sei aus tiefster Überzeugung gesagt: Die damaligen Sachzwänge hätten geregelt werden können, so wie es ja dann auch geschehen ist. Die Privatisierung hatte zum großen Teil ideologische Gründe – das aber ist ein anderes Kapitel.

Herausgeber- und Autorenverzeichnis

Herausgeber

Professor Heinz Lohmann

Studium der Wirtschafts- und Sozialwissenschaften; leitende Tätigkeiten in der privaten Wirtschaft und im öffentlichen Sektor, davon fast 30 Jahre in der Gesundheitswirtschaft; heute Gesundheitsunternehmer, u. a. Geschäftsführender Gesellschafter der Lohmann konzept GmbH sowie Gesellschafter der Wiso Hanse Management GmbH; Vorsitzender der Initiative Gesundheitswirtschaft e. V.; Lehraufträge als Professor der Hochschule für Angewandte Wissenschaften Hamburg; Präsident des Gesundheitswirtschaftskongresses in Hamburg, des Österreichischen Gesundheitswirtschaftskongresses in Wien sowie wissenschaftlicher Leiter des Kongresses Krankenhaus, Klinik, Rehabilitaion des Hauptstadtkongresses in Berlin; Autor zahlreicher Publikationen; Gastgeber des TV-Talks Mensch Wirtschaft!; Sammler und Förderer der experimentellen Gegenwartskunst „Change art".

Dr. Uwe K. Preusker

Strategischer Berater, Moderator und Publizist im Gesundheitswesen. Leiter des Deutschen Pflegekongresses im Rahmen des Hauptstadtkongresses Medizin und Gesundheit in Berlin. Im Rahmen seiner publizistischen Tätigkeit gibt er seit Herbst 2003 den Hintergrund-Informationsdienst „Klinik Markt inside" sowie das „Lexikon des deutschen Gesundheitssystems" heraus. Darüber hinaus ist er seit vielen Jahren als Referent und Dozent insbesondere in den Themenbereichen Internationale Gesundheitspolitik, Gesundheitssysteme Deutschlands und Nordeuropas, Rationierung und Priorisierung von Gesundheitsleistungen sowie Gesundheitsökonomie tätig. Des Weiteren ist er Dozent im MBA-Studiengang für Ärzte an der Hochschule für angewandte Wissenschaften Zürich (ZHAW).

Autoren

Arnold, Dr. Norbert, Leiter Team Gesellschaftspolitik, Konrad Adenauer Stiftung

Bieberstein, Jürgen, Director Access Hospital, Pfizer Deutschland, Berlin

Borchard, Dr. Michael, Hauptabteilungsleiter Politik und Beratung, Konrad Adenauer Stiftung

Henke, Prof. Dr. rer. pol. Klaus-Dirk, Fachgebiet Finanzwissenschaft und Gesundheitsökonomie, Technische Universität Berlin, Fakultät VIII-Wirtschaft und Management, Institut für Volkswirtschaft

Kehrein, Ines, Geschäftsführerin der LOHMANN konzept GmbH

Moeller, Anja, Manager Governmental Relations & Policy Affairs, Pfizer Deutschland, Berlin

Neubauer, Prof. Dr. Günter, Direktor des IfG Institut für Gesundheitsökonomik; Vorstand Health Care Bayern e. V., München; emeritierter Professor der Universität der Bundeswehr München, Schwerpunkt: Gesundheitsökonomik

Ostwald, Dr. Dennis A., Geschäftsführer WifOR Wirtschaftsforschung

Ries-Heidtke, Katharina, Vorsitzende Gesamtbetriebsrat und Konzernbetriebsrat Asklepios – Kliniken Hamburg GmbH